Le Dernier Ange

THE LAST ANGEL

by
Robert de Goulaine

Series Editor
Gerald Honigsblum Ph.D.

A NOVEL IN THE ORIGINAL FRENCH WITH
A FRENCH-ENGLISH GLOSSARY

LIN·GUAL·I·TY™

Cambridge | Paris

Editor's Preface

In the front matter of the original edition of *Le Dernier Ange*, we read that the author, Robert de Goulaine, is an aficionado of antique cars. It will come as no surprise, then, that the protagonist of this book, Alban, drives a Hispano Suiza through the streets of Paris, dazzling the people who watch it go by. In fact, there are two such automobiles in the book, just as each character is mirrored by his double throughout the narrative.

Goulaine is also an exhibitor of butterflies. In the interview, he says that he *displays* these lovely tropical creatures. Indeed, the château de Goulaine and its marquis are known by local citizens of Nantes more for the butterflies than anything else. In *Le Dernier Ange*, the references to butterflies are many and help illustrate the ephemeral dimension of the human condition. The château de Goulaine is poised to feature, in addition to its formal French gardens, a natural preserve sheltering the flora and fauna of the region, an area that separates France into two reflecting halves and serves as the gateway to the Celtic world of Brittany to the west.

In *Le Dernier Ange*, you will delight in mouth-watering passages, where wine and savory dishes give the notion of taste a new meaning. Goulaine has been a wine grower, a serious vocation in the region that produces Muscadet and other wines, grown on the slopes of the Loire. These are not the most celebrated wines of France and certainly not the most expensive, but they are balanced and crisp. Nothing goes better with oysters from the nearby ocean beds than a pearly-tasting, chilled Muscadet, its acidity obviating the need for that squeeze of lemon on the open shell. Robert de Goulaine continues to sell wines under the Goulaine label all over the world. Goulaine has written several books about wines. We are pleased to include in this volume a chapter from his *Book of Rare and Vanished Wines,* the chapter on the secrets of the Loire. Although the Loire is never mentioned in *Le Dernier Ange,* it is no secret to those close to the author that the peculiar summer vacation described in the novel was set on the banks of the Loire, probably quite close to the château de Goulaine.

Goulaine was elected the youngest mayor in France. His political career was impressive, even though he cut it short to devote himself to acquiring his ancestral castle, which had been allowed to deteriorate. He spent the next 50 years restoring it to its original splendor, almost single-handedly. It now attracts over 20,000 yearly visitors, who tour its salons, wine cellars, and gardens, as well as a museum devoted to the history of advertising by LU, a company whose cookies are iconic in France and emblematic of Nantes's industrial and entrepreneurial history. (Three kilometers away, at La Haye Fouaissière, LU cookies are still produced, under the label of Kraft Foods, and the buttery fragrance wafts over the Goulaine estate every morning.) When the visitor enters, he crosses a drawbridge and looks up at a medieval tower that serves today as the international headquarters of the Confrérie des Chevaliers Bretvins, a wine-tasting society with chapters all over Europe and one in America, in Jacksonville, Florida. Jacksonville's—and America's—earliest history is at Fort Caroline, where in 1564, René de Goulaine de Laudonnière established the "first permanent European settlement of what was to become the United States of America."

Le Dernier Ange is a story of contemporary France, but it is nourished by a long, sustained, and rich tradition that finds its full expression in what we call style and taste. It was first published in 1992 under the auspices of Julien Gracq, the late dean of French novelists. Gracq was arguably the paradigm of literary style. And style is what this narrative is all about. In four chapters, we follow the story as told by a narrator who bears two names, one for himself and one for his alter ego, so decreed by the protagonist, Alban, whose own kindred spirit is self-reflected in his narrator. There are two women characters, each the reflection of the other. There is the decadent but stylish Parisian life of the fifties, and the provincial summer season in a riverfront house. There is the vegetal life above ground and the mineral life below ground. The ephemeral butterfly accomplishes its life cycle in ten days. Our characters take a human lifetime, coming to terms with their solitude—the fundamental human condition—and seeking to reconcile themselves with their elusive other half in the afterlife, in the company of the last angel they encounter on the way.

This brief novel is divided into four chapters. We might even think of it as a musical score for a sonata in four movements. The first movement takes us through the decadent nightlife of bohemian Paris. The second is set in a garden of earthly delights on a sensual riverfront, with the current flowing from east to west, as the sun rises and sets. The third movement tolls the bell for the hero's death, his journey through purgatory and hell to the sound of a dirge interpreted by Louis Armstrong through the soaring sound of his trumpet. The fourth and final movement brings us to paradise, on a magical island. Robert de Goulaine, no stranger to islands, soon will complete a new book on island wines. It will undoubtedly add to the diversity of a literary *œuvre* we are pleased to help you discover in this new edition of *Le Dernier Ange*.

GH

PUBLISHER'S NOTE: Dr. Honigsblum is the former president of Les Amis de Goulaine, a foundation established to promote French literature worldwide.

DU MÊME AUTEUR

Les Seigneurs de la Mort, La Table Ronde, 2006

Le Prince et le Jardinier, Albin Michel, 2003

Paris, 60, Bartillat, 2002

La Lune au fond de la mer, Plon, 2000

Angles de chasse, Bartillat, 1997

Du côté de Zanzibar, Bartillat, 1996

Le Livre des vins rares ou disparus, Bartillat, 1995

Robert de Goulaine

Le Dernier Ange

Roman

À Georges Noël

café-théâtre intimate theater, stage production in a café setting
ne bougeaient pas weren't moving
ivres drunk
dignes proper, dignified
faisait les poubelles rummaged through garbage cans
(faisait des) ménages (worked as a) house cleaner
personne...n'a jamais su no one...ever knew
y compris including
attitré official
légué bequeathed
déchaînait unleashed
bondissait leaped
Grand Siècle 17th century
Les Bacchantes *The Bacchanalians*, from Bacchus, the Roman
    god of wine and intoxication
crinières manes
frisées curled
s'accrochaient clung to
tintamarre racket
rayés striped
vague allure vague look
bagnards convicts
ne désemplissait pas stayed packed
En nage Dripping in sweat
la mère Georgette good old Georgette
blanchisseuse laundress
qui allait sur ses quatre-vingt-dix ans who was going on 90
de sa voix cassée in her hoarse voice

---

* All words and expressions are translated according to context.

4

Un

AU CAFÉ-THÉÂTRE du *Vieux-Loup*, madame Hélène, madame Andrée, Lady Popo, **ne bougeaient pas** du bar. Quand elles n'étaient pas **ivres**, elles étaient très **dignes**. Dans la journée, la première **faisait les poubelles** ; la deuxième, les **ménages** ; mais **personne**, **y compris** son biographe **attitré**, **n'a jamais su** ce que faisait Lady Popo, du moins après qu'elle eut fini de boire les différents alcools du bistrot que lui avait **légué** son ultime et généreux protecteur.

L'arrivée d'Alban **déchaînait** les applaudissements. Il **bondissait** sur la scène au fond de la salle et exécutait une danse savante en chantant des airs du **Grand Siècle**. *Les Bacchantes*, un groupe de jeunes femmes aux **crinières frisées**, vociféraient autour de lui, se roulaient par terre, **s'accrochaient** à ses vêtements, dans le **tintamarre** d'un orchestre composé de deux accordéonistes et de quatre violonistes habillés de pyjamas **rayés** qui leur donnaient une **vague allure** de **bagnards**.

Le public, absurdement enchanté, hurlait : « Alban, Alban… Encore, encore ! » L'endroit **ne désemplissait pas**. **En nage**, il revenait s'asseoir à côté de Max et de **la mère Georgette**, une ancienne **blanchisseuse qui allait sur ses quatre-vingt-dix ans**.

— Paye-moi une liqueur, mon petit Alban, lui demandait-elle **de sa voix cassée**. Je n'aime pas le vin de tes copains.

d'un trait in one gulp
bois wood
épave wreck
portait malheur brought bad luck
il y avait mort d'homme there was a death
singe monkey
conjurer le sort ward off ill fortune
soupirait sighed

patron boss
cuistot cook
en tirer get anything out of it
entraînait led
siégeaient held court
inconditionnels regulars
mantille mantilla
rageurs bad-tempered
un beau jour one fine day
à la ronde *here:* to all present
derviche tourneur whirling dervish
soupirant suitor

trottoir sidewalk
ailes fins (of a car)
dessus top
écharpe scarf
Coupé chauffeur Hispano Suiza one of the most exquisitely
  crafted—and expensive—automobiles of its era. Founded in
  1898 in Spain, the company went bankrupt, then reemerged in
  1904. In 1911, a factory in the Parisian suburb of Levallois-
  Perret began production of the luxury automobiles for the
  French market. Three years later, manufacturing moved to a
  larger facility at Bois-Colombes.
de semblable anything like it

Alors seulement, après avoir bu son verre **d'un trait**, elle expliquait pour la centième fois que l'endroit (théâtre, bar de nuit, restaurant tout à la fois) était ainsi nommé à cause d'une sculpture, au-dessus de l'entrée, en **bois** d'**épave** et qui **portait malheur** : chaque année, **il y avait mort d'homme** dans cette maison ; une lune après, le même drame se reproduisait comme un écho, de l'autre côté du fleuve, au *Singe Noir*. Pour **conjurer le sort** – mais était-ce bien efficace ? –, il fallait prononcer de mauvaises prières, le dimanche entre onze heures et midi, en face, chez Léon, devant le comptoir. Georgette **soupirait** :

– Tu vois, disait-elle en s'adressant à Max, le **patron**, ce gros bonhomme, est un ogre. On l'appelle le Commandant, parce qu'il a été **cuistot** dans la Marine et qu'il bat sa femme… Quelle misère !

Max ne pouvait rien **en tirer** d'autre et Alban l'**entraînait** à la table où **siégeaient** les **inconditionnels** du *Vieux-Loup*, ceux qu'on ne retrouvait nulle part ailleurs. Deux beautés d'avant la guerre (l'une d'elles portait une rose en papier à son corsage ; l'autre, une **mantille**) et quelques poètes, **rageurs** et parasites, y monopolisaient la conversation. Parmi eux se tenait une enfant silencieuse, presque une enfant, qui a disparu depuis, après avoir **un beau jour** déclaré **à la ronde** qu'elle les détestait tous. Elle est **derviche tourneur** à l'autre bout du monde, à en croire son ancien **soupirant**.

Max se souvenait de sa première rencontre avec Alban, par temps d'hiver et de neige, à la sortie d'un cinéma de quartier qui se vidait de ses rares spectateurs.

Le long du **trottoir**, stationnait une énorme voiture, jaune canari, avec les **ailes** et le **dessus** noirs.

– Elle est belle, n'est-ce pas !

La voix appartenait au jeune homme qui se tenait derrière lui et qu'il n'avait pas remarqué jusque-là. Grand, la tête haute, vêtu de velours vert, une **écharpe** blanche autour du cou.

– **Coupé-chauffeur Hispano Suiza**, reprit-il. 1925. Voulez-vous l'essayer ?

Max qui appréciait les automobiles et n'en connaissait pas **de semblable** accepta. La voiture roulait doucement dans les rues

cadrans dashboard instruments
levier de vitesse gear shift
cigogne argentée silver-plated stork (hood ornament)
bouchon *here:* cap
glace *here:* glass partition
abaissée lowered
fugitivement fleetingly
banquette rear seat

guère hardly
années-lumière light years
métiers occupations
promenaient paraded
soupait dined
grêlé pockmarked

plié bagage packed up and left
carré gathering
emplissait filled
frayeur fright
scandaient chanted

à la ronde all around him
tabouret stool
seuil *here:* doorway
faible weakness, soft spot
romance love song
se pencha bent over
accorder to tune
frissons chills

désertes. Assis à côté du conducteur il examina les gros **cadrans**, le curieux **levier de vitesse**, et, loin devant eux, la monumentale **cigogne argentée** sur le **bouchon** du radiateur. Puis il se retourna ; une **glace** dans ce genre de véhicule sépare les passagers de leur chauffeur. Elle était **abaissée** de sorte qu'il put voir, **fugitivement** éclairé par un lampadaire, un buste en bronze posé contre le dossier de la **banquette**. C'était celui d'une femme. Son compagnon lui avait demandé :

– Dans quelle direction allez-vous ? Il est plus de minuit et je suis en retard. Je dois passer dans un cabaret, tout près d'ici. Venez-y. Vous aimerez l'endroit, j'en suis sûr. Je vous reconduirai.

Et Max, que la perspective de se coucher n'enchantait **guère**, l'avait suivi jusqu'au *Vieux-Loup*. Ce vaste établissement, à des **années-lumière** des bordels voisins, occupait le rez-de-chaussée d'un hôtel un peu sordide, habité par de modestes étrangers, des gens entre deux âges et deux **métiers**, et surtout des étudiants, vrais ou faux, qui d'une chambre à l'autre **promenaient** leurs fiancées. On y **soupait** après le spectacle.

Frédo, le barman au visage **grêlé**, versait de table en table du vin chaud.

Quand *les Bacchantes* et les musiciens eurent **plié bagage**, le calme revint et le dernier **carré** des fidèles, ceux que le retour chez eux **emplissait** chaque fois de **frayeur**, entoura le jeune homme habillé de vert. « Alban, Alban, **scandaient**-ils. Une chanson, une chanson ! »

Il salua **à la ronde**, embrassa les Trois Grâces du bar et se percha sur un **tabouret** à côté d'elles. Frédo lui donna une guitare. « Chut, chut », faisait le Commandant sur le **seuil** de sa cuisine, car il avait un **faible** pour la **romance**. Alban **se pencha** pour **accorder** l'instrument, puis releva la tête en souriant.

– Quelle chanson voulez-vous ?

– Celle qui parle des amis perdus, supplia madame Andrée. Elle me donne des **frissons**.

La voix était extraordinairement pure. Elle fascina Max. Il chanta longtemps des airs tristes qui racontaient la douleur, celle des corps

se diluait was diluted
au-dehors outside
dévisager stare at
n'osant avouer not daring to admit

personnages play characters
démodée out of style

épuisé exhausted
nuit blanche sleepless night
se reverraient would see each other again
hoquet hiccup, jerking motion

vague air de famille vague familiarity
enregistrée recorded

Il ne croyait pas souffrir He did not think it was painful
de s'aimer si peu to have so little self-esteem
soucieux de les retenir worried about keeping them
à défaut de les émouvoir for lack of having impressed them
serviable obliging
sensibles susceptible
flattait flattered
révélait revealed

se méfiait was wary of

ou celle des âmes, mais parce que cette douleur est si ancienne et **se diluait** dans la fumée des cigarettes, elle n'avait rien d'angoissant ; bien plus rassurante que ne l'étaient **au-dehors** la neige et la nuit.

Dans l'Hispano qui le ramenait chez lui, Max se retourna encore pour **dévisager** leur étrange et silencieuse compagne, la statue de bronze, **n'osant avouer** sa curiosité. Alors qu'ils traversaient le fleuve, Alban ralentit au milieu du pont sans raison apparente et lui dit sur le ton de la confidence :

– Nous ne sommes que des **personnages**. C'est pourquoi nous voyageons devant, à la vue des gens. Derrière nous commence l'inquiétant domaine du rêve et vous savez qu'il est très dangereux de regarder derrière soi. Cela devient évident lorsque l'on conduit une automobile **démodée**.

Max ne savait pas s'il était vraiment concerné, ni si la statue faisait partie du rêve. Alban le déposa devant sa porte. Max était trop **épuisé** par cette **nuit blanche** pour demander au chanteur quand ils **se reverraient**. Il agita seulement la main. L'ascenseur s'arrêta à l'étage avec son petit **hoquet** habituel. Il entra dans l'appartement – (« Dieu qu'il est laid », pensa-t-il) –, avant de se jeter sur son lit pour y dormir tout habillé de longues heures.

Au réveil, il éprouvait toujours le même malaise ; ce visage un peu lourd qu'il apercevait dans la glace avait un **vague air de famille** sans que ce fût vraiment le sien et lui déplaisait, comme le son de sa voix lorsqu'à deux ou trois reprises il l'avait **enregistrée**.

Il ne croyait pas souffrir de s'aimer si peu. La gloire, l'argent, l'amour fou dont rêvent les jeunes gens, le laissaient indifférent. Peut-être était-ce, avec sa peur de la solitude, la raison pour laquelle il désirait tant la compagnie des autres, **soucieux de les retenir à défaut de les émouvoir**. Les hommes le trouvaient intelligent et **serviable** ; les femmes étaient **sensibles** à ses compliments discrets, au fait qu'il les écoutât si bien. Il **flattait** ainsi les uns et les autres, entrait dans leurs vies, ne **révélait** rien de la sienne, puis les abandonnait brusquement sans leur laisser le temps de découvrir qu'une partie de lui-même, dont il **se méfiait** le premier, était

11

Il aurait pu peindre   He could have painted
antipathie   aversion
pudeur   modesty

en habitué   as a regular
se donner la peine   to go to the trouble
sibylline   enigmatic
Tirase la hoja con movimiento de ida y vuelta   Spanish phrase found on the back of cigarette rolling paper that roughly translates as "roll the leaf in a to-and-fro movement"

farouche   fierce
étrangeté d'autrui   strangeness of the other
prénoms   first names
humeur égale   even temper
lui faisait la cour   courted him
pastis   aniseed-flavored drink

écouteur   receiver
subites   sudden
rentrées   receipts
complice   accomplice

imprévu   unexpected

ivrognes   drunks
préalablement   beforehand
entraînaient   dragged
pulls crasseux   filthy sweaters
robes d'occasion   secondhand dresses
émouvants   enticing

éclairage   lighting
dés   dice

tournée vers l'imaginaire, l'absurde, l'inutile. **Il aurait pu peindre** ou écrire, si une **antipathie** secrète pour l'œuvre d'art qui interrompt l'action et dérange l'analyse, la **pudeur**, vertu de son milieu bourgeois, ne l'en avaient sans cesse dissuadé.

Max revint le soir même, et nuit après nuit, au *Vieux-Loup*. On l'y traitait déjà **en habitué**. Il avait sa table, la plus proche du bar. Le Commandant lui apportait une bouteille de vin sans qu'il eût à **se donner la peine** de la choisir, et Frédo allait lui acheter du tabac avec un papier à rouler les cigarettes d'origine étrangère et de taille impressionnante, sous la couverture duquel pouvait se lire cette recommandation **sibylline** : « **Tirase la hoja con movimiento de ida y vuelta** ».

Il apprenait les lois de la nuit. Elles impliquaient même dans la plus grande intimité un respect **farouche** de l'**étrangeté d'autrui**. Ainsi les gens s'appelaient par leurs **prénoms** ; personne n'avait de nom. Ils venaient s'asseoir près de lui autant pour son amabilité et son **humeur égale** que pour les boissons qu'il offrait sans compter. Madame Hélène **lui faisait la cour**, mais en raison de sa corpulence elle le terrifiait un peu. Lady Popo, quant à elle, n'avait de sentiment que pour Alban. Elle l'attendait en buvant du **pastis** et rassurait le Commandant sur l'état de ses finances grâce à de mystérieux appels téléphoniques : ceux-ci lui annonçaient (et le patron était invité à tenir l'**écouteur**) de **subites rentrées** d'argent. Le correspondant **complice** opérait d'un café proche.

Une telle inaction avait pour lui le charme d'un luxe **imprévu**. Max, à l'ordinaire si entreprenant, si organisé, s'abandonna à cette nonchalance, à la conversation des **ivrognes** qui pour refaire la société la condamnent **préalablement**, aux sourires des jeunes femmes dont la préoccupation majeure à partir d'une certaine heure était de trouver un lit plus que l'amour, et elles l'**entraînaient** à l'étage par le sombre escalier de l'hôtel. Sous leurs **pulls crasseux** ou leurs **robes d'occasion**, leurs corps étaient parfois si **émouvants**.

Le *Vieux-Loup* ouvrait sa porte en fin de journée. À cette heure-là, l'endroit était encore presque désert, avec pour seul **éclairage** celui du bar. Max jouait aux **dés** avec Frédo. Madame Andrée ne tardait

informes shapeless
hérissés studded
bigoudis curlers
ôter to remove, to take out
foule crowd
Sois gentil Be nice/sweet
Mets mes affaires Put my things/belongings
à l'abri out of sight
démêlés quarrels
se plaignaient complained
balayait swept
commodes chests of drawers
fracassait broke
facéties practical jokes
à la retraite retired
passé les menottes put handcuffs
en guise de plaisanterie as a joke
s'extasiait enthused

la sort takes her out

se remplissait filled up (with patrons)
déballaient unpacked
fête redoublait d'éclat party really got going

klaxon car horn
auparavant beforehand

feux orange ou bleus orange or blue lights

14

pas à arriver, chargée de paquets **informes**, les cheveux **hérissés** de **bigoudis** qu'elle allait ensuite **ôter** discrètement dans le lavabo avant l'arrivée de la **foule**.

– **Sois gentil**, Frédo, disait-elle. **Mets mes affaires à l'abri** derrière ton comptoir. Ce sont tous des bandits.

Elle allumait une cigarette et racontait ses **démêlés** avec de terribles femmes du monde qui **se plaignaient** injustement qu'elle ne **balayait** pas la poussière sous leurs **commodes** et **fracassait** par contre de précieuses porcelaines. Mais la discussion déviait bien vite et ils évoquaient la soirée précédente : les redoutables **facéties** des *Bacchantes*, les malheurs de madame Hélène à qui son ami, policier **à la retraite**, avait **passé les menottes en guise de plaisanterie** pour découvrir un peu tard qu'il n'en possédait plus la clef…, la dernière chanson d'Alban.

– Ah ! quelle voix ! **s'extasiait** madame Andrée.

Frédo demanda à Max s'il connaissait Solana. Madame Andrée l'interrompit :

– Pourquoi la connaîtrait-il ! Alban ne **la sort** jamais. C'est elle qui ne veut pas. Elle est très belle ; seulement, elle n'aime pas la nuit. On ne peut pas changer le caractère des gens. Moi, je ne l'ai vue qu'une fois : au bal des étudiants, sur la place, l'été dernier.

– J'y étais, dit Frédo. Une vraie princesse.

Le *Vieux-Loup* **se remplissait**. Le Commandant battait sa femme dans la cuisine, les musiciens **déballaient** leurs instruments, et la **fête redoublait d'éclat** avec l'apparition d'Alban, peu après minuit. Il dansait, chantait, brillait, et Max ouvrait de grands yeux.

L'un et l'autre se voyaient de plus en plus. Alban prit même l'habitude de l'attendre dans sa rue au volant de l'Hispano, et lorsque Max, alerté par l'étrange **klaxon**, se montrait à la fenêtre, il lui criait joyeusement : « Allons chez *les Bacchantes*, allons au fond de la nuit ! » Mais ils dînaient **auparavant** et parfois Alban déclarait qu'il en avait assez du *Vieux-Loup* et des applaudissements, et que mieux valait explorer incognito les mauvais lieux de la ville. Max était content : ne suffisait-il pas qu'Alban fût là et l'emmenât à la découverte de ces innombrables bars qui de leurs **feux orange ou bleus**, au-dessus de

jalonnaient lining
aux petits matins in the wee hours of the morning
s'éffondrât collapsed
sommeil sleep
honnêtes gens decent folk

alignant lining up
majuscules aucunes any capital letters. The absence of capital
letters in the message is indicative of Alban's breezy style.

que ne puis-je if only I could

disponible available
au dos on the back
ennuierait bother
devine am guessing
fidèle faithful

demeure home
tenait de was more like
désaffecté abandoned
verrières skylights
lumière du nord northern light, considered the best light for an
artist
étincelaient sparkled
encombré cluttered
brocante second-hand goods
porte vitrée glass-paned door
coussins pillows
tendus d'un tissu covered with fabric
poêle à bois wood-burning stove

portes soigneusement fermées aux indésirables, **jalonnaient** d'obscurs labyrinthes ; et que lui, Max, **aux petits matins**, **s'effondrât** enfin sur son lit, ivre de **sommeil**, à l'heure où les **honnêtes gens** prenaient dans leurs mains avides et maladroites les destinées du monde ?

Le concierge de Max lui remit enfin un message. L'écriture d'Alban était ronde, harmonieuse et appliquée, **alignant** voyelles et consonnes sans **majuscules aucunes**, de telle manière qu'à distance elles ne figuraient qu'un seul caractère, une sorte d'O perpétuel.

« Cher ami, écrivait-il, je dois vous paraître étrange et vous méritez que je me confie un peu : chanter, pour moi, n'est pas un métier ; moins encore un plaisir. je chante parce que je ne sais rien faire d'autre. c'est à mes yeux un malheur fondamental. ah ! **que ne puis-je** peindre ou sculpter : alors je ne parlerais plus aux gens. je les aimerais de loin. je ne me cacherais plus derrière ma voix. si vous êtes **disponible** et n'attendez rien de moi, venez à cette adresse qui est **au dos** de l'enveloppe. venez. vous verrez solana. elle aussi a envie de vous connaître. Je vous embrasse. alban. p.-s. cela vous **ennuierait**-il que je vous appelle vincent ? je trouve "max" un peu court pour une amitié dont je **devine** qu'elle sera **fidèle**. »

Max alla chez Alban. Sa **demeure** était située à la périphérie de la ville. L'entrée **tenait de** l'atelier de peintre ou du garage **désaffecté**, avec de hautes **verrières** diffusant la **lumière du nord**. L'Hispano, deux roadsters, **étincelaient** au milieu des éléments disparates de quelques autres voitures. Il lui fallut ensuite traverser un jardin **encombré** de statues et de **brocante** pour atteindre la maison, construite en bois, et qui ne comportait qu'une seule pièce où Max, dès qu'il ouvrit la **porte vitrée**, remarqua les livres, les **coussins**, une série de miroirs sur les différents murs **tendus d'un tissu** oriental. Alban se chauffait les mains contre le **poêle à bois**, un grand chien noir à ses pieds.

– Ah, Vincent ! Vous voilà enfin ! Je vous présente Hermès, qui garde mes statues et mes voitures.

Le chien ne montra pas le moindre intérêt pour le visiteur. Alban

combinaison overalls
essuyé wiped off
pinceaux paintbrushes
cambouis dirty grease
taches stains
burent drank
couleur ambrée amber color
hivernal winter
grenier attic
douche shower
arrière rear
verrouillées locked
penché bowed
encadré framed
agrafée fastened
plis folds
se devinaient could be made out
à peine hardly
Antique *in effect:* a statue from classical antiquity
sursauta jumped
dévisageait stared

panier basket
s'étira stretched
bâilla yawned
aperçut noticed
se tenait was standing
sans gêne without embarrassment

grimpa climbed
qui se laissait (when she) let herself
secouait shook
coulait flowed

flottait dans une **combinaison** de mécanicien qui devait avoir **essuyé** plus de **pinceaux** que de **cambouis**, tant elle juxtaposait de **taches** et de couleurs différentes. « Solana est absente, expliqua-t-il. Elle reviendra bientôt. »

Les deux amis **burent** en cette fin d'après-midi un vin qui avait la **couleur ambrée** du ciel **hivernal**, assis sur les coussins, sans se parler. Ils attendirent Solana toute la nuit et le lendemain et le jour suivant ; ils burent d'autres bouteilles, mangèrent le peu de nourriture qui leur était nécessaire. Alban dormait dans le **grenier** auquel on accédait par une échelle et Max en bas. Celui-ci, pendant que son hôte prenait une **douche**, retourna dans l'atelier et comme les portes **arrière** de l'Hispano étaient **verrouillées**, il s'installa à la place du chauffeur pour inspecter encore la statue. Le visage **penché** de la jeune femme, **encadré** de cheveux courts, dur et sensuel, semblait marqué par cette sorte de tristesse qui se change plus tard en lassitude et sa tunique, **agrafée** aux épaules, tombait ensuite en **plis** symétriques sur un buste dont les formes **se devinaient à peine**. L'objet, que l'on pouvait sans doute dater des années 25, avait l'éclat sombre, la densité d'un **Antique**. Max **sursauta** : Hermès l'avait suivi silencieusement et le **dévisageait** à son tour.

Solana arriva le troisième jour de très bonne heure. Elle entra dans la maison avec un **panier** sous le bras d'où sortaient du pain et des fleurs. Hermès **s'étira, bâilla** ; ainsi font tous les chiens pour exprimer leur satisfaction. Elle **aperçut** Max et ne parut pas s'étonner.

– Bonjour. Alban est là-haut ?

– Je suis Max. Excusez-moi. Je vais me lever.

– Non, non ! Ne bougez pas… Alban m'a parlé de vous.

Elle **se tenait** au pied du lit, le regardant **sans gêne** ni insistance ; indécise. « J'aime ses amis », dit-elle. Et puis, après un silence : « Je vais le réveiller. »

Elle **grimpa** jusqu'au grenier et Max l'entendit **qui se laissait** tomber sur Alban, le **secouait**, l'embrassait : « Alban ? Alban, Alban ! » Le nom d'Alban **coulait** dans sa bouche comme une rivière.

19

parcouraient crossed
convient suits
laid ugly

suite succession
ses affaires his personal belongings
désormais from then on
s'affairait kept busy
gitans Gypsies, Roma people
palabraient carried on
gare train station
marches walks
entretenaient maintained
présage omen
avant-goût foretaste
La nuit venue When night had fallen
tour de chant round of songs
revêtu dressed
au ralenti idling
mezza voce cependant not too loud though
carrosse coach
faisait demi-tour turned around

couture sewing
tandis que while
soupirs sighs
poêle stove

bavarde chatterbox

tisane herbal tea
menthe sauvage wild mint

Max s'habilla et marcha jusqu'à la porte. De grands nuages, blancs et rapides, **parcouraient** le ciel. Ils descendirent peu après. Solana fit du café. Pendant qu'ils le buvaient, Alban dit à Max : « Vincent. Voilà le nom qui vous **convient**. Max c'est trop **laid**. »

Ainsi commença une **suite** de jours heureux. Alban l'avait facilement persuadé de s'installer chez lui et d'y transporter **ses affaires**. Max accompagnait **désormais** Solana au marché ou pour de longues promenades, tandis qu'Alban **s'affairait** dans son atelier. Des **gitans** lui rendaient souvent visite et **palabraient** avec lui. Les voitures changeaient, sauf l'Hispano. Il y avait aussi les absences de Solana : deux jours, trois jours, qu'elle passait en province chez une amie. Max revenait à pied de la **gare** où elle prenait son train et ces grandes **marches entretenaient** en lui une énergie diffuse, le **présage** et l'**avant-goût** du printemps. **La nuit venue**, Alban qui avait repris son **tour de chant** au *Vieux-Loup*, **revêtu** pour la circonstance de l'uniforme vert bouteille, mettait en route le moteur de l'Hispano. Le bruit **au ralenti** en était inimitable : un peu bateau, un peu avion, **mezza voce cependant**, et le **carrosse** avec une incomparable majesté **faisait demi-tour** dans l'impasse avant de descendre Alban jusqu'à l'univers souterrain des bars et des boîtes. Solana, Hermès, et Max bien souvent (car il était momentanément saturé de vie nocturne) l'escortaient, puis à l'entrée du boulevard s'en retournaient. Solana donnait sa petite main à Max avec un naturel tendre. Après le dîner, elle se mettait à la **couture**, **tandis qu'**il fumait un cigare, et le silence s'installait, ponctué par les **soupirs** alternés du **poêle** et d'Hermès endormi. Elle levait parfois la tête et soudain curieuse voulait que Max lui racontât sa vie, mais il s'intéressait si peu à lui-même qu'il ne savait par où commencer. « Max ! dit-elle un soir, avez-vous remarqué qu'Alban ne chante que la nuit, et jamais en ma présence ? J'aime les silences d'Alban. Moi, je suis très **bavarde**. Au fond, il est malheureux, n'est-ce pas ? Cela me rassure. Ce n'est pas bien, ce que je dis ! Pourtant, que deviendrais-je, s'il ne l'était pas ?... Voulez-vous une **tisane** ; de la **menthe sauvage** ? »

plateau tray
dorait gilded
lueur hint
durcit hardened
goût taste

jure promise/swear
boucher butcher
gênée irritated
y tenez insist on it

ouvrage handicraft
ourlet *here*: the outline; *literally:* hem (on a garment)
Cendrillon Cinderella

réveils awakenings
Belle Epoque period between 1890 and 1914 in which Art
   Nouveau was the dominant artistic style
auraient pu se croiser might have met up
missel missal, book containing all the prayers said during a mass
haut-de-forme top hat

inattendue unexpected
fêtards de la veille revelers of the night before

Elle se leva sans attendre sa réponse et disparut dans la cuisine. Quand elle revint et s'arrêta un instant, le **plateau** dans les mains, debout près de la lampe qui **dorait** ses cheveux, Max lui parla de la statue dans l'Hispano. Une **lueur** d'irritation **durcit** ses yeux clairs.

– Je… Elle me fait peur. Parfois je crois qu'il la préfère à moi parce qu'elle lui ressemble. Je suis si différente, moi ! C'est Alban qui m'intéresse. Sa vie, votre vie, Max. Pas la mienne, et pas ce que les gens pensent. Je ne comprends rien à leurs pensées. Quand les hommes se mettent à penser, ils perdent le **goût** des femmes… Vous me trouvez stupide ! Non ? Vraiment ? Merci, Max. Je vous aime bien.

– Dites-lui, s'il vous plaît, de ne plus m'appeler Vincent.

– Alban donne des noms à ses amis. C'est sa façon à lui de les posséder. Mais moi, je vous le **jure**, je m'appelle vraiment Solana, et ce n'est pas drôle tous les jours : quand le **boucher** me dit « Bonjour, madame Solana », ou le fleuriste, je suis très **gênée**. Ils ne disent pas : « Monsieur Alban », ils disent « Alban ». Vous trouvez cela normal ?

« Vincent », c'est doux, et vous êtes doux. Pourtant, si vous **y tenez**, vous resterez « Max » pour moi.

Il lui prit le plateau et versa la menthe dans leurs deux tasses. Elle fut à nouveau absorbée par son **ouvrage**. Max la voyait de profil : le nez très fin, l'**ourlet** de la bouche, la longueur du cou. Comme **Cendrillon**, elle se couchait avant minuit et Max prenait un livre qu'il lisait une heure ou deux sous le contrôle vigilant d'Hermès.

Les retours d'Alban coïncidaient le plus souvent avec les **réveils** de Solana. Il leur manquait un escalier de la **Belle Époque** où ils **auraient pu se croiser**, pareils aux grands-parents de Max : elle, un **missel** sous le bras ; lui, son **haut-de-forme** de travers… « Je vais à la ville, mon ami – Et moi, j'en reviens ! » Mais ils n'avaient pas eu de tels ancêtres. Ils déjeunaient tard. Alban ne disait mot ; Solana et Max tournaient autour de la table, apportant les plats, changeant les assiettes, avec une complicité fraternelle.

Un après-midi, Max fit une rencontre **inattendue** : il passait devant une terrasse où les **fêtards de la veille** prenaient souvent vers

de dos her back to him
se ravisa thought about it
inconnu stranger
s'arrêta net stopped dead

ressentie felt
auparavant before
envahit overcame
éprouva experienced
ligués plotted
tromper deceive
s'envisager be imagined

couvert était mis table was set
assombri darkened
quelle mouche la pique what's gotten into her
Accompagnez-moi Walk me over

somnolait almost nodded off
difformes misshapen
baisa kissed
s'enchaînèrent blended

livret libretto
auparavant before
piège trap

quatre heures leur premier café, lorsqu'il crut reconnaître Solana au fond de la salle, près de l'escalier qui conduisait au sous-sol. Elle était assise **de dos**, parlant à quelqu'un qu'il ne voyait pas. Il hésita à la rejoindre, surpris qu'elle pût se trouver là, si loin de son quartier, puis **se ravisa** et l'attendit de l'autre côté de la rue. C'était bien elle qui sortait, au bras d'un **inconnu**. Il les suivit à distance et **s'arrêta net** en les voyant pénétrer dans un hôtel.

Une étrange jalousie, telle qu'il n'en avait jamais **ressentie auparavant**, l'**envahit** : Solana et Alban... Alban et Solana ! Que savait-il d'eux ? Il **éprouva** le sentiment confus que l'un et l'autre s'étaient **ligués** contre lui pour le **tromper**, le rejeter dans une exécrable solitude, car cet inconnu prenait en quelque sorte sa place et ce qu'il avait découvert ne pouvait **s'envisager** sans le consentement d'Alban.

Il revint à la maison et Alban, dès qu'il l'aperçut, lui dit que Solana rentrerait très tard et qu'il ne fallait pas l'attendre. Le **couvert était mis** pour deux. À la fin du dîner, Alban, voyant le visage **assombri** de Max, le rassura : « Vous vous demandez **quelle mouche la pique** ? C'est peut-être un serpent ! Rien de tout cela n'a la moindre importance. **Accompagnez-moi** chez Olga. »

Ils étaient déjà allés ensemble, à l'autre bout de la ville, dans ce petit bistrot russe. Olga **somnolait** derrière une table, ses mains **difformes** posées à plat de chaque côté de son verre de vodka. Alban les **baisa**, la tirant de sa rêverie : « Chantez, Madame, chantez avec moi ! » Leurs voix **s'enchaînèrent**, celle de la femme aussi désespérément grave que la sienne était haute et légère.

Bien plus tard, dans l'Hispano, il dit, comme s'il s'agissait d'une suite logique à leur long silence :

– C'est l'œuvre seule qui compte. Je ne sais la forme que prendra la mienne.

– Un opéra ?

– Mais qui en écrira le **livret** ? Qui me délivrera **auparavant** du **piège** de ma jeunesse ?

Les lumières d'une place éclairaient leurs visages et l'intérieur de la voiture. Max regarda une fois de plus la statue, la rivale muette, et

ne put s'empêcher couldn't help

agacé irritated

issue outcome

s'en attrister let it get you down

pétrifiés par le givre stiffened by the frost
la grille principale the main (iron) gate

ornaient adorned
carrefours intersections
goutte au nez runny noses
ôta sa casquette removed/took off his cap
Minou, Minou ! Here kitty, kitty
tanière lair

toile canvas, painting
accroché hung
envahissait invaded
guettait lay in wait

redoutables daunting
entretenaient fostered

à l'abri sheltered
reprirent got back in

ne put s'empêcher de revenir à Solana :

– Alban, aimez-vous Solana ? Pourquoi ne vient-elle jamais avec nous ?

– Mais parce qu'elle n'aime pas que je chante (il avait l'air un peu **agacé**)… Oublions Solana, s'il vous plaît. Elle est ma vie, ma différence ; mais mon destin m'entraîne dans un monde où elle ne saurait me suivre sans se perdre elle-même. Je l'aime, elle m'aime. Nous avons pris cette décision ensemble. Ce n'est pas nécessairement la bonne. Ne soyez pas choqué par ce que je vais vous dire : tout amour, toute affection, même l'amitié, n'ont d'autre **issue** que dans la solitude, à moins qu'ils ne soient contrariés, ce qui prolonge artificiellement cet état de grâce. Il ne faut pas **s'en attrister**.

Le jour se leva. Ils longeaient à présent un parc avec de grands arbres **pétrifiés par le givre**. Ils abandonnèrent l'Hispano à la hauteur de **la grille principale** et un gardien en uniforme vint l'ouvrir comme s'il n'avait attendu qu'eux pour accomplir sa tâche quotidienne. Ils le suivirent dans cette nécropole végétale. Les statues qui en **ornaient** les **carrefours**, vieillards barbus et femmes opulentes, avaient la **goutte au nez**, et l'extrémité de ce vaste territoire était occupé par une ménagerie où les rares animaux visibles dormaient encore. Le gardien **ôta sa casquette**. « Vous venez voir ma panthère, leur dit-il, devant la dernière cage. **Minou, Minou** ! Tu as de la visite. Montre-toi. » La bête sortit de sa **tanière** et s'approcha des barreaux. Elle regardait ailleurs.

Max se souvint à cet instant de la célèbre **toile** dont il avait autrefois **accroché** une reproduction dans sa chambre d'étudiant et de la **savane** épaisse qui l'**envahissait**, au milieu de laquelle un animal identique **guettait** avec nonchalance l'imprudent spectateur. Il se demandait si Alban allait chanter pour charmer la panthère, mais celui-ci n'en avait manifestement pas l'intention et se mit à parler des saisons, bien plus **redoutables**, assurait-il, que la multitude des années car elles **entretenaient** dans les cœurs un étrange malaise. Ah, comme il regrettait de ne pas habiter sous les tropiques, **à l'abri** de ces changements perpétuels.

Ils quittèrent le parc et **reprirent** l'Hispano. Malgré le froid, la

au pas slowly
épiciers grocers
brassée armful
trajet trip
épouser marry

témoin witness
s'emplirent filled
larmes tears
resplendissait beamed with joy
supplia begged
n'en rien faire do nothing about it
céda gave in
leurs promenades reprirent they started taking walks again
se plaignit complained
inquiète à worried about

pleura mourned

se délivrer free himself
s'attendrit got emotional
butin booty

premières amours first loves (feminine with preceding plural adj.)
angoisse anguish

enceinte pregnant
Confuse embarrassed
inclina bowed

rue sentait le printemps. Leur voiture avançait **au pas**, sous l'œil admiratif des **épiciers**.

« Achetons des fleurs », suggéra Alban. Max rapporta une **brassée** de mimosas qu'il mit entre eux deux. Pendant le **trajet**, Alban ajouta seulement : « Je vais faire une chose difficile : je vais **épouser** Solana. »

Elle les attendait dans le jardin. Il tenait les fleurs à la main et les donna. « Solana, veux-tu m'épouser ? Vincent sera notre **témoin**. » Les yeux de Solana **s'emplirent** de **larmes**.

Ce projet de mariage changea bien des choses : Alban **resplendissait** à nouveau. Solana au contraire était grave et presque taciturne. Max voulut les quitter ; ce fut elle qui le **supplia** de **n'en rien faire**. Il **céda** et **leurs promenades reprirent** comme avant, le long des boulevards, d'un square à l'autre. Un dimanche, après avoir longtemps marché, ils s'assirent sur un banc et Solana **se plaignit**. Elle était fatiguée ; **inquiète à** l'idée qu'Alban n'aimât pas les enfants. Comment lui en parler ? Il n'y avait pas d'enfants autour d'eux.

Elle chercha dans le vieux sac à main une photographie la représentant à l'âge de neuf ans, auprès de son chien « Neptune », mort d'empoisonnement et qu'elle **pleura** si longtemps. Max évoqua à son tour l'enfant solitaire et malheureux qui jouait à des jeux cruels au fond d'un grand parc. Solana comprenait, l'encourageait. Il n'avait pas imaginé qu'il pourrait un jour **se délivrer** de tant de terribles secrets.

Quand il eut fini, elle reprit le sac, en vida le contenu sur le banc. C'était là tout son passé. Max **s'attendrit** : le contraste était tel entre un aussi maigre **butin**, fruit d'une jeunesse insignifiante, et le mystère de sa beauté. Elle parla de la guerre, de ses **premières amours**, de cette ville où elle avait suivi Alban. Son regard était plein d'**angoisse**, lorsqu'elle ajouta sans transition :

— Sérieusement, croyez-vous qu'Alban aimera mon enfant ?

— Votre enfant ! Vous voulez dire que vous êtes **enceinte** ?

Confuse, elle **inclina** la tête.

— Alban ne le sait pas. Oh ! surtout, ne lui en parlez pas. Cela

le promenant taking him for a walk
courses errands

essuya wiped
revers back (side)

gronde growls
bête silly
penchée sur leaning over
berceau cradle
se rapprocha drew near
serrez-moi hug me

souffle breath
désemparée helpless
songea was reminded
« Il n'y a pas d'amour heureux » the title of a popular song composed and recorded (1965) by Georges Brassens, based on a poem by Louis Aragon (1946)

caserne barracks
sabots de chevaux hooves
pavés cobblestones, street
rangeait tidied up
aux aurores at the crack of dawn
renoncé given up
sur ses talons hard on his heels
ficelait tied
camionnette van, small truck
capharnaüm mess
trônait sat enthroned
phares headlights
étincelants sparkling

ferait trop de choses à la fois. Mais, dites-moi : comment m'occuperai-je d'Alban quand j'aurai mon enfant ? Vous imaginez Alban **le promenant** dans le jardin, faisant les **courses** ? Croyez-vous qu'il chantera pour lui ? Et puis, quel nom donner à l'enfant ? Croyez-vous…

Elle s'interrompit en pleurant et Max **essuya** les yeux de Solana du **revers** de sa main. C'était la première fois qu'il touchait ainsi son visage.

– Oh ! Max ! je suis si inquiète. Je dors très mal. Je vois des choses affreuses dans mes rêves : Hermès **gronde** et ne me reconnaît plus… je n'ose pas vous le dire, c'est si **bête**. La statue, elle ressemble à une amie à moi, que je vois, **penchée sur** le berceau. Elle sourit à l'enfant et l'emporte loin de moi. J'ai tellement peur, Max !

Elle **se rapprocha** de lui.

– Embrassez-moi. Non. Pas comme cela. Vraiment. Et **serrez-moi** fort.

Quand ils reprirent leur **souffle**, elle eut un pauvre sourire et s'excusa d'être aussi **désemparée**. Elle avait seulement voulu le remercier, lui exprimer sa tendresse, car elle l'aimait beaucoup. Max **songea** à la chanson qui se lamente : « **Il n'y a pas d'amour heureux** » ; mais Solana reprit, pleine de ferveur et lisant dans ses pensées : « Max, comme la vie est belle ! »

Elle se leva et lui donna le bras. Ils croisèrent en chemin la garde présidentielle qui retournait à sa **caserne**. Les **sabots des chevaux** faisaient sur les **pavés** de petits bruits secs qui se perdaient aussitôt dans la rumeur confuse de la ville. L'un et l'autre n'avaient plus rien à se dire.

Alban **rangeait**, Alban s'agitait. Levé **aux aurores**, ayant **renoncé** à ses sorties nocturnes, il parcourait la maison, Hermès **sur ses talons**, **ficelait** et rouvrait aussitôt de mystérieux paquets. Les gitans embarquèrent dans leur **camionnette** le **capharnaüm** du jardin et les accessoires automobiles. Un acteur célèbre acheta les deux roadsters. L'Hispano **trônait** dans l'atelier vide ; ses **phares étincelants** ressemblaient aux yeux d'un gigantesque animal,

remue-ménage commotion

prévenir forewarn

s'avérait turned out to be

grandes pêches fishing

sent la résine smells like resin

crains fear

croisée window

cousant sewing

sans trêve relentlessly

mairie city hall

orné d'un collier wearing a collar

guettaient awaited

officier d'état civil municipal official in charge of marriages. In France, all marriages must first be celebrated in a civil, secular ceremony. The mayor often officiates in a tricolor sash. Afterwards, the couple may also be married in a religious ceremony, if they choose.

hoquets hiccups

parfumés à l'anisette smelling of anisette

lui déplurent displeased him

souverainement regally, a pun implying that the official reigns supreme in his republican domain

prétextant claiming

in extremis at the last moment

parapher initial

entassée packed

guinguette popular open-air restaurant, often found along riverfronts, where people went to eat, drink, and dance. Immortalized by the painter Auguste Renoir, a few of these establishments can still be found along the Marne River, outside of Paris.

se prolongeait par extended into

belvédère terrace with a panoramic view

auditoire audience

jumelles binoculars

mettait à disposition made available

éminence *here:* vantage point

indifférent à ce **remue-ménage**. Alban avait chargé Max de **prévenir** les habitués du *Vieux-Loup* et de consoler lady Popo si cela **s'avérait** nécessaire. Il lui avait également dit qu'après le mariage, il retournerait dans son pays, à l'île où il était né. Max les rejoindrait bien entendu, dès que leur installation serait terminée.

– N'est-ce pas, Vincent ? Vous viendrez nous voir ; promettez-le ! J'aurai un bateau et nous ferons tous les trois de **grandes pêches**. Nous en reviendrons heureux et fatigués pour boire le vin qui **sent la résine**. Là-bas, la mer, quand elle se fâche, est d'un bleu terrible, mais je ne la **crains** pas. Et puis nous dormirons si bien, les portes et les fenêtres grandes ouvertes !

Max, immobile au milieu de la pièce, approuvait sans trop y croire, tandis que Solana demeurait silencieuse, près de la **croisée**, **cousant** son voile. Les oiseaux se poursuivaient **sans trêve** à travers le jardin. L'air était doux. Ce fut le printemps.

Lorsqu'il eut enfin obtenu les papiers et les certificats nécessaires, Alban dans son habit vert conduisit Solana à la **mairie**. Max suivait en taxi, avec Hermès, **orné d'un collier** en taffetas blanc.

Dans la salle des mariages, les autres témoins : les Trois Grâces, madame Hélène, madame Andrée, lady Popo, **guettaient** leur arrivée.

L'officier d'état civil ne parut pas indisposé par la présence d'Hermès ; cependant, les **hoquets** de lady Popo, **parfumés à l'anisette**, **lui déplurent souverainement**. Comme elle refusait de prendre la plume qu'il lui tendait, **prétextant** une crampe à la main droite, il se fâcha et ne consentit qu'*in extremis* à **parapher** les documents.

La petite troupe, **entassée** dans l'Hispano et le taxi, prit la route sous un soleil déjà chaud. Rendez-vous avait été donné aux nombreux amis *Chez Victor*, une **guinguette** qui n'existe plus. Le restaurant **se prolongeait par** une véranda et, dans le milieu du jardin, se trouvait un **belvédère** en haut duquel Victor servit l'apéritif, informant son **auditoire** qu'avec une paire de **jumelles** qu'il **mettait à disposition** on pouvait, de cette **éminence**, vérifier

cerises cherries

mûres ripe

vergers orchard

en friche in fallow

gratte-ciel skyscrapers

banlieue suburb

convives guests

réclamèrent demanded

entonna entoned

Mon légionnaire...Le temps des cerises standards in the French popular music repertoire. The former was made famous by Edith Piaf in 1936; the latter was composed in 1867 and adopted as the anthem of the Commune insurgents in 1871.

de méchante humeur in a nasty mood

tirer le chignon pull loose the bun

tout net cold

couplet stanza

enlaça put his arms around

abandonna ses fourneaux left his stove

hanches hips

valser à l'envers waltzed one way and then the other

farandole line dance

se déploya formed

fila filed

s'aperçurent noticed

demeurait remained

Sans s'être concertés Without consulting

vinrent came

le tutoyant referring to him in the familiar second-person singular

ôta son voile took off her veil

négligemment nonchalantly

enterrements burials

crépuscule twilight

ne parvint pas à wasn't able to

direction management

que les **cerises** étaient **mûres** dans les **vergers en friche** qui subsistaient, çà et là, parmi les **gratte-ciel** de la **banlieue**.

Le repas fut joyeux et, quand arriva le dessert, les **convives réclamèrent** des chansons. Madame Hélène **entonna** *Mon légionnaire*, madame Andrée suivit avec *Le Temps des cerises*, mais lady Popo, que l'incident à la mairie avait mise **de méchante humeur** (à moins que ce ne fût le mariage lui-même), se leva et alla **tirer le chignon** de la chanteuse qui s'arrêta **tout net** après le deuxième **couplet**.

L'orchestre ouvrit alors le bal. Alban **enlaça** Solana. Ils étaient si beaux, si jeunes, avec on ne savait quoi de grave et de fragile dans leur sourire, que même Victor **abandonna ses fourneaux** et, mains sur les **hanches**, les regarda valser, **valser à l'envers**, à l'envers du temps. Une **farandole**, entraînée par *les Bacchantes*, **se déploya**, passa de la salle à la véranda, tourna autour du belvédère, **fila** dans le jardin où le vent léger agitait les robes. Peu à peu, les mariés se trouvèrent isolés ; les autres devinaient-ils tout à coup que les héros de cette fête n'étaient pas de leur monde ?

Solana et Alban **s'aperçurent** qu'à sa table Max aussi **demeurait** seul. **Sans s'être concertés**, ils **vinrent** l'embrasser. Puis Solana murmura, **le tutoyant** enfin : « Viens avec nous jusqu'à la voiture. Nous partons. » Ils sortirent discrètement. L'Hispano était en bas de la côte, chargée de leurs bagages. Solana s'assit contre Alban, le chien Hermès à ses pieds. Elle **ôta son voile** et le jeta **négligemment** sur la statue derrière elle.

– Occupez-vous de la maison, dit Alban. Elle est à vous autant qu'à nous ! Dès notre arrivée, nous vous écrirons.

La voiture s'éloigna. Max savait qu'il aimait d'amour Solana. Il eut aussi l'intuition d'un grand malheur : c'est aux **enterrements** que les gens se retrouvent ; aux mariages, qu'ils se perdent. Il descendit à pied vers le centre, dans la lumière grise du **crépuscule**. La maison d'Alban était humide et il **ne parvint pas à** s'endormir.

Le lendemain, il prit ses affaires et, plutôt que de revenir à son ancien appartement, préféra s'installer dans un hôtel sur le quai. Sa **direction** ne manque jamais d'informer les nouveaux clients que de

se bousculent jostle each other
péniches barges
s'y noient drown in it
réverbères streetlights
abeilles bees
naît emerge
lueurs glimmers
à eux seuls in and of themselves

personne ne sut no one could find out
arpentait crisscrossed
assises meetings
moleskine imitation leather
tabliers aprons
jet d'eau fountain
vasque basin
grenouille frog
poissons rouges goldfish
sirop d'orgeat barley water
enfouie buried
parvenu gotten to
guettait spied
vit saw
désormais from then on
nulles zero, non-existent
courtiser court

qu'il aurait pu être what he might have been

ramène brings back
piquet *here:* picket fence
poivre pepper
soulagement relief

grands hommes l'ont habité avant eux. Cela est sans doute exact, car le fleuve, devant les fenêtres, dont les petites vagues brunes **se bousculent** après le passage des **péniches**, les nobles maisons qui **s'y noient** chaque nuit sous l'œil jaune des **réverbères**, le bruit d'**abeilles** monstrueuses qui **naît** aux premières **lueurs** du jour de la circulation intense, n'expliquent pas **à eux seuls** son charme.

*
* *

Pendant plusieurs mois, **personne ne sut** ce qu'étaient devenus Alban et Solana.

Max **arpentait** la ville. Il voulut revoir le café où il tenait autrefois ses **assises**. Rien n'avait changé : le décor en trompe-l'œil, la **moleskine** des banquettes, le comptoir enrichi de mosaïques, les serveurs aux longs **tabliers**, le **jet d'eau** qui retombait sans bruit dans la **vasque** centrale sur une **grenouille** en bronze doré et de vrais **poissons rouges**. Il y venait chaque après-midi boire du **sirop d'orgeat** avec une certaine Jeanne qu'il reconduisait ensuite chez elle sans lâcher ce talisman fragile : sa main **enfouie** dans la sienne, ne se décidant à l'embrasser qu'une fois **parvenu dans** le couloir de son hôtel, à l'abri des regards inquisiteurs… Il avait trop attendu : un soir, alors qu'il la **guettait** sur le trottoir, il la **vit** sortir au bras d'un autre. Ses chances étaient **désormais nulles** ; il cessa de la **courtiser**.

Il ne pensait plus à Jeanne à présent, mais à Solana, dans une chambre d'hôtel aux rideaux tirés, entre les bras de cet inconnu **qu'il aurait pu être**.

Tant que dure la première jeunesse, peu d'amours et d'amitiés, de bonheurs et de chagrins, survivent au printemps qui les a vu naître. L'été est la vraie saison des adieux ; celle qui **ramène** les vagabonds à leur **piquet** familial, aux délices de la province. Là sont les cousines ; là, les confitures dont le goût sucré est plus fort que le **poivre**.

Max retrouva avec **soulagement**, près de la ville de son enfance,

abrita took shelter
potager vegetable garden
verger orchard

Empêchez Prevent
trop de naissance too high-born, *i.e.,* too well-bred

lâchant le volant letting go of the steering wheel
guêpe wasp
abîmée disfigured
cicatrices scars
agir behave
reproche reproach
raccrocher hang up (the telephone)
postée par ses soins personally forwarded
sut discerned
tousser cough
appareil *here:* telephone receiver
fidèles faithful
gauloises legendary French cigarettes, strong and unfiltered,
  known as "brunes"

s'éloigner recede further into his memory

dont les commerçants habiles et inventifs étaient les seuls princes, la propriété que ses parents lui avaient laissée en héritage. Il s'y **abrita** derrière une série de murs : celui du **potager**, celui du **verger**, celui du parc, tous bien moins grands, découvrait-il, que dans ses souvenirs.

Écrire le tentait à nouveau ; cependant, une phrase, lue dans un roman, lui revint à l'esprit : « Ah ! Monsieur ! **Empêchez** votre fils d'écrire. Il a **trop de naissance** pour cela. » Max abandonna ce projet, découragé d'avance par tant de cruelle ironie.

Un soir, madame Andrée l'appela au téléphone. Elle venait enfin de recevoir une lettre de Solana : Alban avait eu un accident de voiture très peu de temps après leur mariage ; quelque part vers le sud, vers la mer. Il avait perdu le contrôle de l'Hispano en **lâchant le volant** pour chasser des deux mains une **guêpe**, prise dans les cheveux de Solana. Alban se portait bien apparemment. Mais elle, mais elle ! La figure **abîmée** par de multiples **cicatrices** et seule à présent, car ils ne vivaient plus ensemble. Solana ne disait rien d'autre, pas même où elle habitait. Quelle étrange façon d'**agir**, protestait madame Andrée, qui en fit aussi le **reproche** à Max : elle avait eu mille peines à obtenir son adresse. Pourquoi ne venait-il plus au *Vieux-Loup* ? Pourquoi les amis s'en allaient-ils ainsi, chacun de leur côté ? Avant de **raccrocher**, elle ajouta que Solana avait glissé une deuxième lettre dans l'enveloppe, destinée à Max et déjà **postée par ses soins**. Il **sut**, l'entendant **tousser** dans l'**appareil**, qu'elle restait **fidèle** à ses chères **gauloises**.

L'écriture ressemblait à sa main, petite et maladroite. Max lut ceci : « Le chagrin, c'est pour les vivants. Moi, je suis comme une morte. J'ai perdu mon Alban, j'ai aussi perdu mon enfant. Comprends : il m'est impossible de te revoir. »

Max chercha vainement à se rappeler le beau visage. Il ne voyait, lorsqu'il pensait à elle à l'instant de s'endormir, qu'un halo blanc et l'ombre d'un sourire qui ne cessaient de **s'éloigner**.

s'étirait stretched

auberge inn

pris pension took room and board

éloges praise

fussent were

allier combine

lobes de foie lobes of liver

enrobés coated

fond de sauce reduction sauce

formaient l'ordinaire was standard fare

pompe dominicale Sunday pomp

distraitement absent-mindedly

récolte harvest

déçoit disappoints

bouleverse here strikes again

achevant completing

parcours journey

amertume *here:* dryness

confondues all combined into one

DEUX

*L*A RIVE D'UN FLEUVE est un espace privilégié où l'arôme de la vie est plus subtil qu'ailleurs. Passe l'eau, vive et lente à la fois. Passe le temps.

En vacances dans ce village qui **s'étirait** au soleil de juillet entre son fleuve et son vignoble, Max ne se décidait pas à reprendre la route.

La nourriture de l'**auberge** où il avait **pris pension** méritait les plus grands **éloges**, non pas que l'abondance et la richesse des plats y **fussent** exceptionnelles, mais parce qu'il est difficile d'**allier** tant de naturel à tant de saveur. Les **lobes de foie enrobés** d'une gelée exquise, le coq au vin dont le **fond de sauce** gardait intacte sa consistance initiale, **formaient l'ordinaire** d'un menu qui excluait toute **pompe dominicale**. Quant aux vins de ce terroir, ils avaient depuis longtemps sa préférence : le rouge, léger ou profond selon les années ; le blanc surtout, qui se boit **distraitement** après la **récolte**, qui **déçoit** ensuite, et **bouleverse** bien plus tard, lorsque, **achevant** son **parcours**, il meurt debout, **amertume** et douceur **confondues**.

Assis à la terrasse, il vit arriver de très loin la grosse voiture. La mémoire et l'oubli se partagent si étrangement les cœurs : il fut à peine surpris de voir Alban arrêter l'Hispano en face de lui et venir à sa rencontre.

— Je savais, dit Alban, que vous étiez ici : je vous ai reconnu dans

mail mall
j'ai fait demi-tour I turned around
réfléchir think it over

usagés well worn

de la sorte like that
louée rented
pièces rooms

Vous plaisantez ! You're kidding!

dure lasts

perplexe confused

commandèrent ordered
je vous aurais mieux soignés I would have taken better care of you

ternir tarnish

la foule, sur le **mail**, hier après-midi. L'idée de vous retrouver par hasard au milieu des touristes me déplaisait trop. Je vous ai suivi de loin jusqu'à votre hôtel et **j'ai fait demi-tour**. Je voulais **réfléchir**.

– Je ne vous ai jamais écrit : cela n'aurait pas eu de sens ; et puis, à quelle adresse envoyer le courrier ?

– Votre silence était indispensable.

Il s'assit. Max ne le trouva pas changé, en apparence du moins : la même silhouette, le même regard un peu myope, cette manière si personnelle de porter avec élégance des vêtements **usagés**.

– Ne me dites pas, Alban, que vous jouez au promeneur dans ce beau pays ! je ne vous croirais pas.

– J'y habite. À une heure d'ici, au bord du fleuve… J'ai toujours voulu vivre **de la sorte** : près de l'eau. Que vous dire de plus ? Nous n'aurions pas dû nous quitter. Venez chez moi, ne me refusez pas ce plaisir. La maison que j'ai **louée** est si grande, il y a tant de **pièces**, tant d'espace, que vous pourriez y passer un mois sans me rencontrer !

– Je vous entendrais chanter.

– Je ne chante plus, ou presque plus. C'est l'été. Les oiseaux ne chantent pas en été.

– **Vous plaisantez !**

– Pas du tout. Ils chantent au printemps, dès la fin de l'hiver ; tant que **dure** la saison des amours. Après, ils sont plus silencieux que vous ne semblez le croire. Acceptez-vous mon invitation ?

– Quand ?

– Maintenant, maintenant ! Vous êtes **perplexe**. Disons demain. Je viendrai vous chercher à la même heure. Ne me parlez pas de vos occupations. C'est moi, cette fois, qui ne vous croirais pas !

Ils rirent de bon cœur et **commandèrent** une autre bouteille. La patronne en voyant Alban l'embrassa et confia à Max : « Ah ! si j'avais su que vous le connaissiez, **je vous aurais mieux soigné.** »

Max pensait à tous les vins qu'ils avaient bus ensemble deux ans plus tôt ; à leur amitié distante et sincère. En vérité, qu'avait-il su d'Alban, qu'espérait-il découvrir à présent ? Vivre avec les gens ne fait que **ternir** peu à peu le miroir au fond duquel chacun observe l'autre. Mais il n'avait pas vécu avec Alban, il avait vécu à côté de

songez think about

ravir delight

las leary

flèches des Parthes Parthian shot (*literally:* Parthian arrows), a parting verbal shot or gesture. The expression comes from the practice of ancient Parthian warriors who, even in retreat, would continue to shoot arrows at their enemies.

closes shut
banquette back seat (of a car)

accidentée wrecked

sièges seats
se profilait unfolded
peupliers poplar trees
blé wheat
noyers waltnut trees
grilles iron gates
fanées withered
en contrebas down below

lui, complice et différent. N'est-ce pas ainsi qu'il faut partager le pain et le vin, et le goût des belles choses ?

– L'opéra, votre œuvre, y **songez**-vous encore, Alban ?

– Oh ! non. Alban ne me passionne plus, ne me torture plus. La femme avec qui je vis m'a réconcilié avec moi-même. Elle est un peu mon enfant. Quelle musique pourrait me **ravir** autant que cet amour dont je n'attends rien en retour ? Vous savez à quel point j'étais **las** d'être aimé, et combien j'ai souffert de mes succès, de ce monde avide et complaisant qui n'a jamais vu en moi qu'une attraction, une sorte de fétiche… Alban, Alban ! Les applaudissements tuent plus sûrement que les **flèches des Parthes**. C'est fini, mon ami : je ne suis plus obligé de me cacher. Je ne séduis personne, ni les autres ni moi.

– Et la statue ?

Il hésita une seconde et sourit à demi :

– Vous avez vos secrets et j'ai les miens. Les secrets ne sont importants que pour ceux qui en ont. Pensez-vous qu'un vigneron vous dira comment il fait son vin ? Mais venez, je vais vous montrer quelque chose.

Ils allèrent jusqu'à la voiture et Alban ouvrit les portes que Max avait toujours connues **closes**. Hermès était assis sur la **banquette**, seul, noir et majestueux.

– Vous reconnaissez Hermès ! Tant qu'il m'accompagnera, la mort ne pourra rien contre moi.

Max regardait l'Hispano :

– Je la croyais **accidentée**.

– Tout se répare. En fait, elle aussi est indestructible.

Alban ne conduisait pas vite. Les **sièges** étant plus hauts que dans les voitures modernes, ils avaient l'impression de dominer le paysage qui **se profilait** entre les **peupliers**. Bientôt la campagne changea, plus uniforme et plus grise, comme si le voile de chaleur sur les champs de **blé** et leurs **noyers** solitaires annonçait déjà l'automne. Derrière ses grandes **grilles**, le château aux pierres **fanées** qu'ils aperçurent un instant **en contrebas** de la route avait l'air abandonné.

hameau hamlet
longèrent walked along

à deux battants double doors
remise shed
retira les verrous unlocked, unbolted

demeure dwelling
cheminements passageways

saluer salute
tilleuls lime trees
d'agrément ornamental
rosiers-tiges tea roses
encadrement frame
buis boxwood
chemin de halage towpath
empruntait took (a road)
passant passerby
en tailleur crossed-legged
à contre-jour backlit, silhouetted
enserrait encircled
breloque charm (bracelet)

lècha licked

Ils tournèrent à droite au bout de son parc, dans le **hameau**, et **longèrent** à nouveau le fleuve. La maison d'Alban, la dernière de toutes, était protégée par un haut mur qui formait terrasse. Il demanda à Max d'aller ouvrir **à deux battants** le portail rouge, et l'Hispano disparut dans l'ombre d'une **remise**. Ils en ressortirent, suivis par Hermès, par une porte intérieure dont Alban **retira les verrous** et montèrent l'escalier qui conduisait au niveau de la maison et des jardins.

Le fait de pénétrer ainsi pour la première fois dans la magie d'une ancienne **demeure**, environnée d'arbres et de fleurs, par des accès et des **cheminements** dont on ne sait rien d'avance, pas plus, semble-t-il, qu'on ne prévoit la durée du séjour, ni s'il sera heureux ou malheureux, produit parfois cette sorte de coup à la mémoire qui vous replonge dans une enfance énigmatique, celle des vacances d'autrefois avec ses espaces immenses et son temps aboli.

Ils posèrent les bagages de Max dans le vestibule, et Alban lui dit qu'avant d'aller plus loin, il fallait **saluer** le fleuve.

De grands **tilleuls** occupaient le terrain compris entre la maison et le jardin **d'agrément**. Ce dernier formait un rectangle planté de **rosiers-tiges** dans leurs **encadrements** de **buis**. Le fleuve était devant eux, incroyablement large, incroyablement proche ; on eût dit qu'il coulait au pied de la terrasse, car, de celle-ci, on ne voyait pas la petite route en dessous, un **chemin de halage** à peine élargi, que n'**empruntait** aucun **passant**.

Assise **en tailleur** sur le mur, **à contre-jour** dans le soleil du sud, et tout à fait nue, à l'exception d'un collier d'or qui lui **enserrait** le cou et se terminait par une **breloque**, sans qu'elle parût indécente en raison de sa parfaite immobilité, la jeune femme regardait elle aussi la rivière.

Hermès bondit à son côté et lui **lécha** le visage. Elle ne se retourna pas.

– C'est toi, Alban ?

– Vincent est avec moi. Vincent, voici Isabelle.

Elle tendit la main, sans le regarder, ce qui était une façon de garder ses distances.

taille de guêpe wasp-waist, thin waistline
seins breasts
hanches hips
fesses buttocks
sol ground
s'élance jumps
patine patina
fourrure *here:* pubic hair; *literally:* fur
pelage coat (of hair)
lisse smooth
peau mat olive skin
incarnait embodied
souliers à talons high heel shoes
gêne embarrassment

emmènera will take
soupira sighed
détendue relaxed
devinait make out
paille straw
penché leaned over
arrosage sprinkler system
jaillit gushed
appareillage equipment
tuffeau Loire limestone
ôtant taking off
pleuvra will rain
aboiement barking
cloche bell

— Bonjour. Alban m'a dit que vous auriez la chambre bleue. Elle donne sur l'eau… Je vais m'habiller.

Elle se leva et leur fit face un instant. Isabelle était fine jusqu'à sa **taille de guêpe**, avec un visage triangulaire, des bras minces, de très petits **seins** ; et puis lourde en dessous, à cause de ses **hanches** et de ses **fesses**, de ses jambes musclées, de ses pieds qui semblaient adhérer au **sol** comme ceux d'une paysanne (ou d'une danseuse avant qu'elle ne **s'élance**). Les cheveux courts avaient la même **patine** sombre que la **fourrure** de son sexe et le **pelage** d'Hermès. La regarder, c'était déjà la toucher, la sentir ; mais son regard à elle était aussi **lisse** et imperméable que la surface de sa **peau mate**. Silencieuse, économe de ses gestes, elle **incarnait** en marchant le mouvement intérieur d'une sculpture.

Elle revint, vêtue d'une robe noire et stricte, chaussée de sandales. On ne l'aurait pas imaginée avec des **souliers à talons**. L'intensité, la **gêne** de leur premier contact, avaient disparu.

— Vous avez fait bon voyage ? dit-elle en s'adressant à Max. Vous m'avez surprise tout à l'heure. Je vous attendais bien plus tard. Je passe mes journées sur ce mur… Vous voyez l'île, là-bas, en face du château ? Alban et moi y allons souvent. Nous prenons des bains de soleil, je nage. Hermès adore l'eau. On vous y **emmènera** demain, si le beau temps continue.

Elle **soupira**, satisfaite et **détendue**. Sa voix basse avait beaucoup de charme, avec une imperceptible vulgarité dans les intonations.

Un homme au fond du jardin, dont on **devinait** le chapeau de **paille** et le dos **penché**, mit en route l'**arrosage**. L'eau **jaillit** au milieu des roses. Le soleil éclairait l'**appareillage** en **tuffeau** de la façade. Le jardinier passa devant eux en **ôtant** son chapeau.

— Bonjour, Mademoiselle… Messieurs. Ce n'est pas demain qu'il **pleuvra**.

— En effet, répondit Alban. Bonsoir, Constant.

Du hameau invisible arrivèrent les premiers bruits du soir : l'**aboiement** des chiens, le retour d'un tracteur, la **cloche** qui sonnait sept heures.

— Isabelle, tu devrais montrer sa chambre à notre ami. Vincent, je

rouille rust

voûté hunched over

au fond at the far end

couloir corridor

décollait came unglued

par endroits here and there

gravures de chevaux engravings of horses

les caser to stick them

s'y sentit chez lui felt at home there

tissu wall covering

à ramages leafy design

assorti matching

en noyer in walnut

encombré cluttered

attirail gear

Encrier Inkwell

sous-main desk blotter

coupe-papier letter opener

en laque lacquered

allumettes matches

cendrier ashtray

guéridon pedestal table

avoua admitted

cueille pick

fanés wilted

sécher dry

toile canvas

ceint d'un tablier blanc girded in a white apron

officiant officiating

mise en scène staging

cave *here:* wine cellar

vous préviens : si vous prenez un bain, faites couler l'eau longtemps ; elle est pleine de **rouille** au début. Moi, je vais m'occuper du dîner.

Ils rentrèrent. Alban les précédait. Max remarqua qu'il était légèrement **voûté**, ce dont il ne se souvenait pas.

– Le salon, c'est la porte à droite, dit-elle, tandis qu'il prenait sa valise et son sac dans le vestibule. La cuisine est en face et votre chambre au premier, **au fond** du **couloir**. Suivez-moi.

Le couloir était banal, avec son papier qui se **décollait par endroits**, ses **gravures de chevaux** qu'on met traditionnellement dans les corridors des « bonnes maisons » pour qu'elles soient à l'abri de la lumière, sans doute aussi parce qu'on ne sait pas très bien où **les caser**. Mais Max aima sa chambre au premier coup d'œil et **s'y sentit chez lui**. Elle avait un **tissu** bleu **à ramages**, un mobilier **assorti** : lit et fauteuil **en noyer** ; devant la fenêtre, un bureau **encombré** de son **attirail** habituel. **Encrier**, **sous-main**, **coupe-papier**, boîte **en laque** et, dedans, boîte d'**allumettes**, revue qu'on ne lira pas, et **cendrier** en cristal. Il remarqua encore, au centre de la pièce, un **guéridon** sur lequel était posée une large assiette de Chine remplie d'eau et de pétales de roses qui flottaient à sa surface.

– Je n'ai jamais su disposer les fleurs, **avoua** Isabelle. Alors je **cueille** leurs pétales et quand ils sont **fanés** je les mets à **sécher** dans des sacs de **toile**. Les armoires en sont pleines. Je vous laisse ; nous dînerons dans une heure.

Lorsqu'il redescendit, elle l'attendait, assise avec Hermès sur la dernière marche de l'escalier.

– Nous prenons nos repas à la cuisine. Vous venez ?

Selon l'usage de la campagne, la vaste cuisine, pleine de meubles dont beaucoup auraient pu se trouver ailleurs, était, bien plus qu'une pièce de service, le cœur de la maison. Le spectacle d'Alban, **ceint d'un tablier blanc**, **officiant** au fourneau, aurait eu de quoi surprendre son ami s'il n'avait su que chez lui l'affectation et la simplicité, le naturel et la **mise en scène**, étaient inséparables.

– Installez-vous, leur dit-il. Je vais à la **cave**.

Réduits au rôle de spectateurs, ils prirent place l'un en face de

couvert place settings
porte-couteaux knife rests
flambeaux light torches
jatte bowl
ménage house cleaning

collier necklace
cadenas padlock

crépis roughcast
partie d'échecs game of chess
poutres beams
éparpillées scattered
flancs hillsides
plantureux lavish
Numa Pompilius according to legend, the second king of Rome
  (715–673 B.C.), whom the nymph Egeria purportedly advised
Egérie Egeria, a female adviser or companion
souriants smiling
précurseurs du discours about to make a speech
nourris de brought up on
subsistait there remained
ananas pineapple

l'autre à la longue table. Le **couvert** (il y avait même des **porte-couteaux**) était mis avec une certaine solennité ; deux **flambeaux** encadraient une **jatte** pleine d'eau et de pétales, comme dans la chambre bleue.

– Vos pétales ?

– Oui. Je vous ai dit que je ne savais pas faire les bouquets. Ni la cuisine ni le **ménage**. Pas grand-chose en somme. Alban m'apprend. Mais je suis très paresseuse ; très silencieuse aussi. Ce n'est pas comme Alban. Pourtant, il dit que je lui ressemble.

– C'est votre vrai nom : Isabelle, ou celui qu'il vous a donné ?

Elle parut surprise :

– Le mien, évidemment. Au début, il m'appelait Tristane. J'aimais bien. Il ne le fait plus. Je ne sais pourquoi.

Elle porta la main à son cou, posant ses doigts sur l'ornement qui pendait au **collier**.

– C'est quoi, la petite chose ?

– Un **cadenas**. Un cadeau d'Alban.

Il entra, les bras chargés de bouteilles qu'il posa sur le buffet. Puis, les regardant :

– Mais Isabelle, c'est à ta droite que Vincent doit s'asseoir.

Dans le salon où trois tapisseries représentant la vie des premiers rois de Rome couvraient la presque totalité des murs **crépis**, Alban faisait une **partie d'échecs** avec Isabelle et Max regardait. Il regardait alternativement les joueurs, les **poutres** peintes, la plus grande des tapisseries, en face de lui. Les neuf muses, **éparpillées** sur les **flancs** de l'Olympe comme autant de **plantureux** bouquets, enseignaient leurs arts respectifs à **Numa Pompilius**, guidé jusqu'à elles par la nymphe **Égérie**. La gravité des visages (rares sont les personnages **souriants** sur une tapisserie), les gestes des doigts levés en signes **précurseurs du discours**, impliquaient autrefois pour les esprits **nourris de** théâtre classique et de mythologie un message évident, mais il ne **subsistait** de cette convention, trois cents ans plus tard, qu'une scène étrange, bordée d'**ananas** jaunes et de perroquets rouges. Qu'attendaient donc Alban et Isabelle, et peut-être même

53

ombrageaient shaded

tentures wall covering

Gaius Mucius Scaevola legendary Roman hero who entered the Etruscan camp and tried to assassinate King Porsinna during the latter's siege of Rome. Mucius was captured but showed his courage and disdain for torture by putting his right hand into a fire. Porsinna was so impressed, he released Mucius, who was known thereafter as *scaevola*, or "the left-handed one."

Tarquin le Superbe seventh king of Rome who extended his dominion over all of Latium and incorporated cities previously resistant to Rome's supremacy

dans son for intérieur deep in (his) heart

Cependant However

cavalier knight (in chess)

fou bishop (in chess)

assombri *here:* gloomy

à l'étage upstairs

gagna *here:* accessed

clignotaient were twinkling

feux d'un port harbor lights

souveraine all powerful

surplombaient were hanging over

berge bank

canot dinghy

casquette cap

faisaient face were facing

à hauteur at the level

piquèrent droit vers *here:* headed straight for

étendue plate flat expanse

semée strewn

saules willows

échoués run aground

au gré des crues with the ebb and flow

rase short (grass)

sable sand

épaves wrecks

déplièrent spread out

nattes mats

Max s'il était bien sage, pour rejoindre sous les grands arbres qui **ombrageaient** ces **tentures** Numa Pompilius, **Mucius Scaevola, Tarquin le Superbe** ? Max… ou Vincent ? Pour la première fois, il trouvait du charme à cet autre prénom, et **dans son for intérieur** l'accepta.

Cependant Alban se disputait avec Isabelle à propos d'un **cavalier** qu'elle aurait dû jouer à la place du **fou**. La partie tourna court. Elle déclara qu'elle avait sommeil et Alban, le visage **assombri**, se leva en disant qu'ils devaient tous aller dormir, s'ils voulaient passer la journée du lendemain sur leur île.

Max-Vincent les accompagna **à l'étage**. Ils lui souhaitèrent le bonsoir. Ses hôtes habitaient chacun leur chambre et quand leurs portes furent refermées, il **gagna** la sienne. Par la fenêtre ouverte, il respirait l'odeur du fleuve. Au loin, sur l'autre rive, les lumières d'un village **clignotaient** dans la nuit sans lune, semblables aux **feux d'un port**.

*
* *

En cette fin de matinée la chaleur était **souveraine**, même sous les magnolias dans le parc du château ; leurs branches **surplombaient** la **berge**, formant une voûte que n'agitait aucun vent au-dessus du **canot** à moteur. Alban, coiffé d'une vieille **casquette**, dirigeait la manœuvre. Isabelle et Vincent lui **faisaient face** et leurs doigts traînaient sur l'eau, caressant tour à tour Hermès qui nageait avec vigueur près de leur embarcation. Parvenus **à hauteur** de l'île, ils abandonnèrent les ombres de la rive et **piquèrent droit vers** elle.

C'était une longue **étendue plate**, **semée** de quelques **saules** et des carcasses blanchies d'arbres morts **échoués** là **au gré des crues**, certains sur l'herbe **rase**, d'autres à demi enterrés dans le **sable**. Ils débarquèrent, choisissant une de ces **épaves** pour y abriter du soleil leur déjeuner, **déplièrent** les **nattes**, rangèrent leurs vêtements, dans le silence habituel aux baigneurs qui s'installent sur une plage. Mais ici la réverbération du fleuve remplaçait les palpitations marines. Au centre de l'été, autour des îles solitaires, ancrées sans raison apparente

midis noon hours
étincelants sparkling
divertissant entertaining
éloigné distant
boue mud
s'étendit stretched out
lovée curled up
à carreaux checkered
maillot swimsuit
caillou pebble
chassaient whisked away
fourmis ants
coléoptères beetles
secs dry
escalader crawl up
affairé busy
gronder growling
aboyait barked

jumelles twins
bord de l'eau waterside
rivage riverbank

sèchent dry up
pourrir rot
emporte wins out
renoncé given up

sur les lacs ou les rivières, rien n'est plus impénétrable que la blancheur des **midis étincelants**, rien n'est moins **divertissant**, moins léger que le bonheur, plus **éloigné** des sentiments qui agitent les cœurs et font remonter à leur surface la **boue** déposée par le temps.

Chacun, à distance de l'autre, **s'étendit**, gardant les yeux ouverts. Isabelle, **lovée** sur elle-même, était nue, son jean roulé sous sa tête, mais Alban portait un étrange bermuda **à carreaux** et Vincent le **maillot** acheté à la hâte la veille de son départ en vacances. Parfois, ils prenaient un **caillou** ou du sable dans leurs mains, comme pour en évaluer le poids ou la fluidité, ou bien **chassaient** de leurs ventres, sans les regarder, les petites bêtes noires, **fourmis** ou **coléoptères**, qui habitent ordinairement les lieux **secs** et se plaisent à **escalader** les corps couchés. Seul Hermès allait et venait à travers l'île, visiblement **affairé**. Plus tard, ayant achevé son inspection, il s'arrêta devant Isabelle et se mit à **gronder** à voix basse, car ce chien n'**aboyait** jamais, même pour manifester son impatience.

– Tu veux te baigner avec moi ? dit-elle.

Elle le suivit dans l'eau ; ils nageaient côte à côte, et leurs deux têtes noires semblaient de loin presque **jumelles**.

– Vous ne vous baignez pas ? demanda Vincent.

– Non. Je suis né sous le signe du Cancer. C'est un signe du **bord de l'eau**. Le signe du **rivage**. J'aime regarder l'eau. Celle qui passe, tandis que je suis immobile. Je vois le temps flotter entre ces deux espaces ennemis. Le fleuve va à la mer et s'y perd. Nous, nous le descendons. À un moment ou à un autre, nous nous arrêtons – je veux dire : nous sommes arrêtés –, comme ces vieux arbres que le courant fixe sur cette île et qui **sèchent** au lieu de **pourrir**. Alors la vie devient végétative et sereine et la certitude l'**emporte** sur l'amour. On est l'oiseau immobile.

– Vous avez **renoncé** ?

– Pas du tout. Je me suis métamorphosé. C'est le contraire du renoncement ou du changement. De même, le silence n'est que l'envers du bruit, son double en quelque sorte. Vous devriez le savoir.

qui le soient that may be that way
sottise inanity
dès lors from then on
méprenez be mistaken
épanouit les autres allows others to open up/blossom
rayonnent radiate; *also:* captivate
réclament want

ruisselante dripping wet
panier d'osier wicker basket
vivres things to eat
rillons breast of pork sautéed in its own fat
râpeux rough
mirent put them
noyaux pits

tu me fais de l'ombre you're in my light. Isabelle is saying that Alban is not
  just hampering her sunbathing, but also casting a shadow over her life.
réduisent le champ des investigations reduced the area to be explored
opuscule pamphlet
pavés cobblestones
pareillement similarly
propre à likely to
polit polishes
assèche dries up
Point d'orgue in music, a pause indicating that the note can resonate
  indefinitely. The expression is also used to denote a high point with lasting
  pleasure, as in the expression *le fromage est le point d'orgue du repas.*

traversées crossings

– Êtes-vous heureux, Alban ?

– Je pourrais vous répondre que je suis désespéré, au sens exact du terme : délivré de l'espoir ; désespéré et solitaire. Il n'y a pas que les loups **qui le soient**, il y a aussi les tendres, mais la tendresse est une **sottise dès lors** qu'on l'impose à son entourage… Ne vous **méprenez** pas là encore ! Seuls les égoïstes possèdent la vraie chaleur qui **épanouit les autres** : ils ne donnent rien, ils **rayonnent**. Les charitables font des comptes, et tôt ou tard vous **réclament** leur dû.

Vincent se souvenait de Solana et des nuages blancs dans le ciel du Nord. Alban parlerait-il, s'il l'interrogeait ? Mais Isabelle venait à eux, **ruisselante** et animale, et le ciel au-dessus de sa tête était trop bleu.

– J'ai faim, dit-elle, en se jetant sur le sol.

Alban ouvrit le **panier d'osier** et distribua les **vivres**. Le pain de campagne, les **rillons**, le poulet froid (« à pattes noires », souligna-t-il) et le vin **râpeux les mirent** d'excellente humeur.

Vincent organisa avec des **noyaux** d'abricots un concours de ricochets qu'Hermès troublait en se lançant chaque fois dans l'eau à leur poursuite. Isabelle renonça la première et s'assit. Les deux amis continuèrent, et parce qu'Alban lui cachait le soleil, elle se plaignit :

– Ne reste pas là : **tu me fais de l'ombre**, comme toujours !

Vincent s'éloigna. Il aimait les îles, car elles **réduisent le champ des investigations** et rendent les ambitions dérisoires. Des années plus tôt, il avait acheté et lu avec délice un **opuscule** consacré à la nomenclature des plantes qui poussent entre les **pavés** des principales capitales. Faire **pareillement** l'étude exhaustive de la faune et de la flore de cette île lui parut chose admirable, **propre à** lui ravir l'esprit. Réfléchissant aux propos d'Alban, il crut à sa propre métamorphose, aux vertus de l'été qui **polit** et **assèche** les âmes autant qu'il bronze les corps. L'été ! Somptueux et indifférent ! **Point d'orgue**. Instantané, interminable. Habitué qu'il était depuis son enfance aux voyages sur la mer, vers les îles, il connaissait bien ce curieux moment qui divise en deux les **traversées** et les vies. Lorsque le continent d'où l'on vient cesse d'être la référence et que

déchirements heartbreak

propre own

redoutable formidable

témoigner witness

blés wheat

mûrs ripe

gifle slap

chanceler totter

se reprit pulled herself together again

argenté glistening

malaisé difficult

en remonter le courant go upstream

cuirs leathers

grinçait squeaked

pénombre semi-obscurity

mouche fly

grenier attic

cuisante sweltering

déménagé emptied out

brocanteurs antique dealers

panneaux panels

malles trunks

sommier box spring

éventré ripped open

déjections excrements

chouettes owls

charpente roof structure/framework

recoins nooks

potager vegetable garden

se taillent are pruned

lune descendante waning (vs. waxing) moon

abeilles bees

brouillent muddle

semis seedbeds

La légume *here:* Vegetables. Normally the word is masculine; in the feminine it refers to the world of vegetables as a whole. The expression *une grosse légume* means "a bigwig."

comprises included

citadins city dwellers

Locataire Tenant

l'île vers laquelle on se dirige, ligne mince à peine perceptible sur l'horizon, devient la réalité nouvelle. C'est alors que la jeunesse s'en va, est partie. Qu'aux **déchirements** et aux espérances succède, avant l'angoisse et le déclin, la fragile illusion de sa **propre** éternité.

Il comprit également qu'il était investi d'un pouvoir **redoutable** : celui du messager, chargé non pas d'une annonce, mais de **témoigner** par sa présence que les **blés** étaient **mûrs** dans le champ d'Alban.

Comme il retournait à son point de départ, il les surprit, debout et gesticulant. Quand donc avait éclaté leur dispute ? La **gifle** d'Alban fit **chanceler** Isabelle. Elle **se reprit**. Le chien se tenait entre eux, prêt à intervenir. Vincent ferma les yeux.

Ils reprirent le canot et avec eux Hermès, car le fleuve, même par grand beau temps, est si rapide, vif et **argenté** au-dessus des profondeurs calmes, qu'il est bien **malaisé** d'**en remonter le courant**.

Vincent explorait la maison. Les chambres voisines de la sienne (ni Alban, ni Isabelle, ne l'avaient convié à visiter les leurs) possédaient toutes une odeur différente, due aux **cuirs**, aux tapis, à d'anciennes présences. Les volets en étaient fermés ; le parquet **grinçait** ici et là. Parfois, dans la **pénombre**, le bois d'un meuble craquait aussi, sans motif, et le silence qui s'ensuivait était troublé par le vol d'une grosse **mouche** bleue qui cherchait vainement la sortie.

Le **grenier** où régnait une température **cuisante** n'avait pas été **déménagé** par les **brocanteurs** ; son bric-à-brac : chaises cassées, **panneaux** d'armoires, **malles**, **sommier** éventré, poupées sans tête, était recouvert des **déjections** laissées par les **chouettes** ; celles-ci devaient loger sous la **charpente**, dans des **recoins** obscurs.

Le **potager**, royaume du jardinier Constant, se situait derrière la maison. Vincent, en lui faisant la conversation, apprenait que les arbres fruitiers **se taillent** en **lune descendante**, que les **abeilles brouillent** les **semis** si l'on n'y prend pas garde. « **La légume**, c'est intéressant », disait-il, employant respectueusement un féminin-singulier de majesté ; de toute évidence, les fleurs, roses **comprises**, constituaient à ses yeux une fantaisie pour **citadins** qu'il désapprouvait. Il appelait Alban : « Le **Locataire** », et Isabelle : « La

cure de soleil sunbathing (in the sense of therapy, an outmoded notion)

se renouvelait were resumed

cave cellar

au demeurant all things considered

à peine barely

échecs chess

rabrouait snubbed

Tarquin l'Ancien...Tarquin le Superbe Tarquin the Elder and Tarquin the Proud were kings of Rome. Alban seems exasperated by Isabelle's lack of aptitude for such intellectual pursuits as history and music.

tirer les verrous bolt down

remise shed

advint transpired

le jour venu when the day came

fond back

échoué failed

écorche *here:* grates on

Dame », et ne portait pas de jugement sur eux.

La vie était très organisée, presque rituelle : ils prenaient leur petit déjeuner vers dix heures. Alban retournait dans sa chambre. Vincent lisait au salon, écoutait des disques. Isabelle poursuivait sa **cure de soleil** sur le mur de la terrasse. Les mêmes opérations **se renouvelaient** après le déjeuner, jusqu'aux premières apparences du soir qui les réunissait devant le fleuve et les bouteilles qu'Alban rapportait une par une de la **cave**.

Après le dîner, dont la préparation était son affaire exclusive, **au demeurant** excellente, sous les grosses lampes dorées du salon, il enseignait à Isabelle avec une impatience **à peine** dissimulée l'art des **échecs**, ou la **rabrouait** en d'autres occasions parce qu'elle persistait à confondre **Tarquin l'Ancien** et **Tarquin le Superbe**, la musique de Mozart et celle de Brahms. Elle s'appliquait et ne faisait aucun progrès.

Deux ou trois fois par semaine, ils passaient la journée sur l'île et, plus rarement, Alban allait faire des courses. Si Vincent l'accompagnait, il ne manquait jamais de **tirer les verrous** de la porte, au fond de la **remise**, par laquelle on avait accès au domaine.

– Mais vous enfermez Isabelle ! finit par lui dire son ami.

– Exact. Je la tiens captive. Voilà pour elle une raison supplémentaire de me détester, ou de m'aimer. Votre Dieu en fit autant pour ses premières créatures au jardin de l'Éden… Vous savez ce qu'il **advint** : elles s'échappèrent, **le jour venu**. Libre à vous de croire qu'elles furent chassées.

– Et le jardinier ? continua Vincent avec sa logique habituelle.

– Aucun problème. Constant passe par le **fond** du jardin. Il a sa clef. Cette porte-là donne sur la rue et sa maison est juste derrière… Puisque nous parlons d'Isabelle, pourquoi vous le cacher plus longtemps : j'ai **échoué** avec elle. Comme avec les autres. Elle **écorche** mon cœur et mes pensées. À la longue, il n'y a pas de communication possible avec ce qu'on a créé, ou simplement influencé. Isabelle me ressemble : autant qu'une sœur à son frère, une fille à son père. Nous sommes du même sang. C'est la clef de notre allergie réciproque – et de notre attachement.

vacarme ruckus, noise
provenait came from
dressés facing off
Fous-moi dehors Throw me the hell out

On ne couche même pas ensemble We don't even sleep together

peur ou pudeur fear or modesty

en tailleur with her legs crossed
haine hatred
méprise mistake
Pentecôte Whitsunday, a Church holiday that, along with the Feast of the Ascension, stands as a paradoxical emblem of a staunchly secular society observing Catholic holy days of obligation because they are paid holidays. Pentecost and the Feast of the Ascension often fall during the month of May when, because of other holidays (May 1, May 8, etc.), business runs on fewer cylinders as employees go from one long weekend to the next (*ponts et superponts*), grinding the economy into low gear—with the exception of the travel industry.

éblouir dazzle
convoque calls
quitter leave

Quelque temps après, Vincent fut réveillé en pleine nuit par une violente altercation. Le **vacarme provenait** du couloir. Il finit par ouvrir sa porte et les vit, éclairés par les lumières de leurs chambres, **dressés** l'un en face de l'autre. Leur exaspération semblait extrême.

– Puisque je suis une merde, criait-elle, pourquoi me gardes-tu ? **Fous-moi dehors.**

Il la jeta par terre et, penché sur elle :

– Écoute : as-tu donc oublié nos accords ? Je ne te demande pas de m'aimer. Tu as ce que tu veux ! Tu fais ce que tu veux !

– Je ne fais rien de ce que je veux. C'est toi qui te fais plaisir… Que cherches-tu à prouver ? **On ne couche même pas ensemble.**

– Mais non, dit-il avec une soudaine lassitude – et il s'enferma chez lui.

Elle resta ainsi, prostrée sur le sol, et Vincent, à l'extrémité du couloir, était stupéfait. Quand elle se releva et l'aperçut, elle eut – **peur ou pudeur** – le mouvement instinctif de croiser les bras sur ses seins puis disparut à son tour dans sa chambre.

Le lendemain, au petit déjeuner, ils ne se montrèrent pas, mais Vincent, en revenant de sa promenade vers midi avec Hermès qui avait consenti à le suivre, la trouva assise **en tailleur** sur le mur, à sa place habituelle, aussi énigmatique, aussi nue qu'au premier jour.

– Bonjour, fit-elle. Avez-vous bien dormi ? Alban nous attend. Le déjeuner est prêt.

Vincent n'avait aucune expérience de la **haine**. S'agissait-il d'une maladie qui se nourrissait secrètement de l'amour avant d'exploser au grand jour, ou bien était-elle à l'origine même de ce lien ? Une monstrueuse et fascinante **méprise** ?

Cette nuit-là, Isabelle se coucha très tôt. Alban, dans le salon, expliquait à Vincent que leur **Pentecôte** était proche :

– Au cœur de votre religion, à laquelle je suis peu sensible, le mystère de la Pentecôte est le seul qui ne cesse de m'**éblouir** : le Christ est mort, puis ressuscité – les Bons ont gagné –, et voilà qu'il **convoque** ses disciples pour leur annoncer qu'il va les **quitter**, sans quoi ils ne recevront pas le Saint-Esprit, l'amour parfait ! À première

souscris buy it, believe it

il se suffit it is sufficient unto itself
épreuve ordeal
livre *here:* tell
goûtèrent au *here:* tried, tasted
marc du pays local spirit distilled from grape residue
volutes wreaths (of smoke)
abat-jour lamp shade
fleurir to decorate
pentes slopes
l'aigle the eagle
planait soared
char chariot
Tarquin...« Ancien » ou « Superbe » Lucius Tarquinius Priscus
   (616–579 B.C.), or Tarquin the Old, was the fifth of the
   legendary seven kings of ancient Rome and the first of Etruscan
   origin. His son, Tarquin the Proud, was the seventh and last
   king of Rome.
inattendue unexpected
eau-de-vie brandy

siégeait was seated

épaules shoulders

proférer utter

se fraya un chemin forced its way through

sous la garde under the watchful eye

66

vue, quelle extravagance, quelle contradiction ! Moi, j'y **souscris** tout à fait. La Pentecôte, l'universelle Pentecôte, dont les flammes descendent d'âge en âge sur le front des pauvres hommes, est l'annonce de leur inéluctable séparation, car c'est à ce prix qu'ils seront un jour transfigurés. Je vous ai déjà tenu les mêmes propos : l'amour n'appartient à personne, **il se suffit**. Supprimez cette Pentecôte et imaginez un seul instant que rien jamais ne sépare les amants : comment pourraient-ils supporter pareille **épreuve**, eux qui se jouaient pourtant des pires adversités ? Je vous **livre** un autre secret : tels que nous sommes, nous ne sommes pas éternels, pour l'unique raison que ce serait un désastre.

Ils allumèrent des cigares et **goûtèrent au marc du pays**. La fumée faisait des **volutes** bleues au-dessus des **abat-jour**. Les muses continuaient sur les tapisseries de **fleurir** les **pentes** de l'Olympe, **l'aigle** jupitérien **planait** à la verticale du **char** de **Tarquin…** « Ancien » ou « Superbe » ? À son tour, Vincent ne savait plus.

Isabelle fit une apparition **inattendue** ; dans sa longue chemise de nuit, elle avait l'air d'un ange ou de son fantôme.

– Je n'arrive pas à dormir… Offrez-moi de votre **eau-de-vie**.

Elle embrassa Alban, puis Vincent. La paix semblait revenue.

– Demain soir, dit Alban, nous fêterons cet été : nous irons au village, au bal de la foire.

Alban, vêtu de blanc, sortit l'Hispano. Isabelle se glissa entre Vincent et lui. Hermès **siégeait** à l'arrière,

« Le ciel est beau », murmura-t-elle, en laissant tomber sa tête successivement sur leurs deux **épaules** avec un sourire tendre qui ne lui était pas familier. Ils la regardèrent comme si elle venait de **proférer** une vérité grave et personne ne parla plus jusqu'au village et son auberge où les deux amis s'étaient retrouvés. Le soleil était déjà couché quand ils en ressortirent après le dîner. Leur voiture **se fraya un chemin** à travers la foule.

La fête se déroulait de l'autre côté du pont dans un endroit appelé « L'Île d'Or ». Ils laissèrent l'Hispano **sous la garde** d'Hermès et

ampoules light bulbs
accrochées suspended
peupliers poplar trees
grande roue Ferris wheel
tranchait contrasted
auto-tamponneuses bumper cars
tir à l'arc archery
mousseux sparkling
à même le goulot straight out of the bottle
s'empara d' took hold of
rousse redhead
se défaire get rid
s'apitoya took pity on him
gaillard lad
accoudé leaning on his elbows
toisa eyed

par la taille by the waist

feux éteints headlights off
portail gate

anciens old
à pans coupés cut glass
rameaux de chèvrefeuille honeysuckle branches
à petites gorgées in little sips

niche kennel
Il ne s'en porte pas plus mal He's none the worse for it
soulage relieves

continuèrent à pied. Isabelle leur donnait le bras. Les guirlandes d'**ampoules** multicolores **accrochées** aux **peupliers**, la masse mouvante des bruits et des odeurs, la **grande roue** illuminant le fond du décor, composaient un monde ordinaire et naïf qui **tranchait** singulièrement sur leur existence recluse.

Ils plongèrent dans la fête, passèrent des **auto-tamponneuses** au stand du **tir à l'arc**, gagnant une bouteille de **mousseux** qu'ils burent tiède, **à même le goulot**.

Le bal se tenait sous une tente. Isabelle, à peine entrée, **s'empara** d'Alban, et Vincent invita une **rousse** dont il eut par la suite bien du mal à **se défaire**. Isabelle **s'apitoya** : elle vint le délivrer et s'en fut danser avec lui, fraîche et souple, laissant Alban seul au bord de la piste.

Longtemps après, dans la mélancolie finale de ces bals du samedi, un grand **gaillard**, **accoudé** au bar près duquel ils s'attardaient, s'approcha d'eux et **toisa** la jeune femme :

— Salut, Isabelle. Alors, t'es de retour ?

— Ça t'étonne ? répondit-elle.

Alban se contenta de la prendre **par la taille** et paya les consommations. Ils retrouvèrent sans difficulté l'Hispano. Alban prit le volant et les ramena chez lui dans le même silence qu'à l'aller, tous **feux éteints**, car la pleine lune éclairait parfaitement leur route. Ce fut lui qui descendit le premier et ouvrit le **portail**.

— Attendez-moi dans le jardin, leur dit-il.

Il revint peu après avec de beaux verres **anciens**, **à pans coupés**, remplis de champagne, et des **rameaux de chèvrefeuille** en fleur qu'il distribua. Assis sur le mur de la terrasse, ils burent **à petites gorgées**, le nez dans les fleurs qu'ils tenaient au-dessus de leurs verres.

— Nous avons oublié Hermès dans l'Hispano ! s'exclama Vincent.

Alban le rassura :

— C'est sa **niche**, quand il ne dort pas dans la cuisine. **Il ne s'en porte pas plus mal**… Rentrons. Les fêtes sont épuisantes. Je crois que leur fin me **soulage** plus qu'elle ne m'attriste.

clapotement lapping
apeuré frightened
acheva de le déshabiller finished undressing him

luttèrent struggled
souffle breathing
enlacés entwined
soit qu'elles mentent whether they lie
avouent confess

quitte leave

À sa façon In his own way
prévoit foresees

Il s'en fiche He doesn't give a damn

collège the equivalent of junior high school, followed by *lycée*

Vincent écoutait à sa fenêtre la nuit vibrer de toute part. Bruits imperceptibles, innombrables, et dans le **clapotement** du fleuve le cri soudain d'un oiseau **apeuré**. Il se retourna brusquement. Il ne l'avait pas entendue entrer. Son corps était à peine visible dans l'obscurité de la chambre. Elle l'embrassa, puis, à genoux devant lui, **acheva de le déshabiller**, tandis qu'il prenait la petite tête entre ses deux mains et goûtait l'odeur qui montait d'elle.

— Viens, dit-elle en se relevant. C'est Alban qui m'envoie.

Ils **luttèrent** sur le lit, silencieux et appliqués comme deux athlètes qui ménagent leur **souffle** pour un long combat. Elle le maintenait sur le dos, les bras en croix, sa bouche sur la sienne, leurs doigts **enlacés**, et puis elle ferma les yeux. Il savait qu'à cet instant précis, **soit qu'elles mentent**, soit qu'elles **avouent**, les femmes sont seules capables d'une telle absence. Plus tard, Vincent dit, sans le penser :

— Partons, Isabelle. Nous ne pouvons pas rester ici.

— Ne sois pas stupide : on ne **quitte** pas Alban ; c'est Alban qui vous quitte.

— Alban t'a vraiment envoyée dans ma chambre ?

— Mais oui. Alban fait des cadeaux et j'en suis un. Un objet, un objet d'art. Il réalise en même temps que je suis une femme ordinaire, vulgaire. Alors, il me déteste ; je le comprends.

— Il t'aime, il t'aime. Il me l'a dit.

— Peut-être. **À sa façon.** Toi aussi, il t'aime. Il m'a souvent parlé de toi, bien avant que tu ne viennes. Il disait qu'un jour tu nous rejoindrais. Il sait, Alban. Il **prévoit**. Il adore manipuler les gens.

— Tu crois qu'il est heureux ? demanda Vincent.

— **Il s'en fiche.** Ce n'est pas son problème. Il se prend pour Alban.

— Comment ?

— Il se prend pour lui-même, voilà tout. Je ne peux pas t'expliquer, c'est trop compliqué. Je le connais depuis des années. Il était professeur, et moi je travaillais dans un bar, près de son **collège**. Avec Solana.

— Tu connais Solana ?

bouleversé distressed

à poil stark naked

l'a fichu à la porte threw him out, fired him
déménagé moved (to another house)
bouffées drags, puffs (of cigarette smoke)
braise embers

débarquait turned up

fausse couche miscarriage

impuissant impotent
d'une voix sèche curtly

tambours voilés muffled drums

Mûs Moved (infinitive is *mouvoir*)

— Bien sûr ! Tu ne le savais pas ? Je crois que tout a commencé avec Solana. Elle lui a tourné la tête ; à cause de son nom, c'est aussi bête que cela. Il était **bouleversé**, je me souviens : il disait que « Solana », c'était à la fois le soleil et la solitude. Nous, nous étions très fières à l'époque de sortir avec un professeur aussi fou, avec tant d'argent. Mon Dieu, que nous avons ri dans cette Hispano ! Nous faisions des balades ; eux devant, déguisés, et moi derrière, **à poil**. Avec les glaces teintées, on ne me voyait pas vraiment, mais j'avais une peur ! Un beau jour, le collège **l'a fichu à la porte** et Alban a **déménagé**. Donne-moi un de tes petits cigares.

Elle tirait de longues **bouffées**. Lui ne voyait que la **braise** intermittente.

— Alban a changé ma vie, reprit-elle. Et puis il est parti avec Solana et je suis retournée à mon bar, danser pour les clients.

— Solana ? Tu la revoyais ?

— De temps en temps. Elle **débarquait** chez moi quand elle en avait assez d'Alban. Mais elle était très amoureuse de lui, si sentimentale. C'était son Dieu.

— L'accident : que s'est-il passé ? Elle est défigurée ?

— Oui et non. Elle a surtout beaucoup changé. Elle a très mal accepté sa **fausse couche**. Entre parenthèses, l'enfant n'était pas d'Alban.

— Pas de lui !

— Il est **impuissant**.

— Pourquoi n'étais-tu pas à leur mariage ?

— Je n'étais pas invitée. Écoute, reprit-elle **d'une voix sèche**, tu as fini de m'interroger. Qu'est-ce que cela peut te faire ? Alban est Alban ; et moi, je suis dans ton lit.

Dehors, sous leur fenêtre – ou bien était-ce au fond du jardin ? (dans le noir, les bruits semblent si proches et si distants) –, la belle, la grande, la magique voix d'Alban se fit entendre, légère et puissante, comme une flûte sur les **tambours voilés** de la nuit. Isabelle se leva et regagna sa chambre.

Mûs par une sorte d'instinct, ils évitèrent de se rencontrer les jours suivants. Alban disparaissait dès le matin avec l'Hispano et ne

qu'après la nuit tombée   until after nightfall
essaims   swarms
mouches   flies
chênes   oaks
à mesure   as
cramoisies   crimson
aux abords   anywhere near
marches du perron   front steps
charmilles taillées   trimmed arbors

à la nage   by swimming
de l'y enfermer   to lock her up within

canot   dinghy
amarre   mooring
meublait   *here:* fill (the silence)

gêne   embarrassment

honte   shame
sueur   sweat
usure   wear and tear
déchirures   wrench
noyau   pit
galets   pebbles
pourriture   rotting

à tort   wrongly
dériver   drift
luttaient   fought, struggled
allongé   stretched out

revenait **qu'après la nuit tombée**. Vincent prenait ses repas dans le café du village ; il parcourait ensuite les allées qui conduisaient au château sous le soleil flamboyant. Des **essaims** de **mouches** s'envolaient du tronc des vieux **chênes à mesure** qu'il s'en approchait ; parfois, de larges papillons de nuit, gris, aux ailes inférieures **cramoisies**, qui se reposaient aussitôt sur l'arbre suivant. Il ne rencontrait personne **aux abords** du bâtiment, et, lorsqu'il s'asseyait sur les **marches du perron**, il pouvait à travers les hautes **charmilles taillées** apercevoir leur île. Elle se tenait au large, à mi-distance entre ses pensées et l'horizon désert. Vincent s'attendait presque à voir surgir de l'eau la fine silhouette brune et musclée qui, debout sur le sable, lui ferait signe, et il se serait alors jeté dans le fleuve pour la rejoindre **à la nage**. Mais Isabelle était prisonnière au jardin d'Alban, sans qu'il fût nécessaire **de l'y enfermer**.

Le besoin d'en savoir davantage, plus que le désir, le conduisit finalement à elle, un après-midi, pendant qu'Alban était une fois de plus sur les routes.

– Allons sur l'île, proposa-t-il presque timidement.

Elle acquiesça. Vincent détacha le **canot** de son **amarre** ; le bruit assourdi du moteur **meublait** le silence. Une fois arrivés, elle ôta son maillot et son jean.

– Tu ne te déshabilles pas ?

Il enleva ses vêtements à son tour, n'osant avouer la **gêne** qu'il éprouvait à montrer ce corps de jeune homme dont il n'avait jamais eu **honte**, mais qui, à côté du sien, semblait si vulnérable, si perméable à la **sueur**, à l'**usure**, aux **déchirures**. L'esprit d'Alban aux facettes lumineuses, la peau de cette femme, ne se décomposeront pas, pensa-t-il, mais deviendront fumée blanche ou **noyau** sec, **galets** lavés par les eaux, échappant à la **pourriture**, tandis que lui…

Pour la première fois de son existence, il se sentit diminué et rejeté, lui qui était si peu envieux, réduit au petit monde de ceux qu'on appelle **à tort** « les vivants ».

Ils nagèrent ensemble, se laissaient **dériver**, puis **luttaient** contre le courant. Sur la plage à nouveau, **allongé** près d'elle, il se sentit

angoisse anxiety
baignades swimming

moumoute toupee

perruque hairpiece
appui leaning
coudes elbows

prétextant arguing

mine réjouie look of delight on his face
oeuf en gelée jellied egg

éternuer sneezing

haussa shrugged

pour de bon for good
dans les parages in the vicinity

m'environnera will surround me
brume mist
hirondelles swallows
je ne tiens pas I don't wish

mieux. L'eau avait apaisé son **angoisse**. Il ne comprenait pas l'aversion d'Alban pour les **baignades**.

— Dommage, dit-il, qu'Alban ne nage pas.

— C'est peut-être à cause de sa **moumoute**.

— ?

— De sa **perruque**, si tu préfères, expliqua-t-elle.

Il ne savait plus quoi dire. Elle se retourna, prenant **appui** sur ses **coudes**.

— Tu poses trop de questions. Je sais que tu vas me demander l'adresse de Solana. Je la connais, mais pourquoi te la donnerais-je ?

— Je l'ai aimée.

— Ce n'est pas une raison suffisante, conclut-elle.

Il voulut l'embrasser, mais elle s'y refusa, **prétextant** qu'on pourrait les voir.

Alban les attendait dans son jardin, la **mine réjouie**, assis sur le mur, un plateau devant lui, avec un verre de vin blanc et un **œuf en gelée** au centre d'une assiette verte.

— Vous venez assister au repas du fauve ? Vincent, aimez-vous les œufs en gelée ? Un bain chaud, **éternuer**, des œufs en gelée : ce sont des bonheurs simples dont je ne suis pas lassé.

Isabelle **haussa** les épaules et disparut dans la maison.

— Le problème avec Isabelle, c'est que rien ne l'intéresse. Pourquoi croyez-vous qu'elle vit avec moi ? Uniquement parce que je l'oblige à ne rien faire, matériellement du moins. Savez-vous qu'en hiver elle dort dix-huit heures par jour ? Quand elle se réveillera **pour de bon**, elle fera un bruit terrible. Je vous conseille de ne pas être **dans les parages** !

— Et vous, Alban, où serez-vous ?

— Je me tiendrai au sud d'une île déserte et le vent solaire **m'environnera**. Je chanterai, rien qu'une fois ; je chanterai que le temple est vivant. (Il désigna le fleuve.) Regardez la **brume**, là-bas, de l'autre côté : elle devient mauve. Les **hirondelles** se rassemblent, c'est la fin de l'été. Ah ! Vincent ! **je ne tiens pas** à voir un autre été. Celui-ci me suffit.

fils wires
hameau hamlet
chuchotait whispered
vendanges grape harvest

pria begged

encombrée cluttered

prêterai will lend

invivable unbearable
moyens means
très habile very expert

Qu'elle aille au diable She can go to hell
m'y prendre go about it
davantage any more
supplie beg
Débrouillez-vous Do as you like

ramasserons will pick

Les jours se succédaient, sans un nuage et sans que la chaleur diminuât. Pourtant la menace de l'automne se faisait plus précise. Les oiseaux avaient déserté le jardin ; seules les hirondelles continuaient d'aligner leurs fragiles silhouettes noires sur les **fils** électriques, au-dessus du **hameau**. On y **chuchotait** que les **vendanges** seraient exceptionnelles.

Un soir de septembre, après qu'Isabelle fut montée, car elle se mêlait de moins en moins à la conversation, Alban **pria** Vincent de rester. Il avait allumé le premier feu de la saison et se tenait contre la cheminée dans le salon aux tapisseries. La table devant lui était **encombrée** de papiers. Nul incident n'avait marqué cette journée qu'ils avaient passée comme tant d'autres sur l'île.

— Asseyez-vous, dit Alban. Je voudrais vous demander un service : je n'ai plus d'argent et…

— Je vous en **prêterai**.

— Jamais de la vie. Vous m'avez mal compris. Il faut que vous persuadiez Isabelle de s'en aller.

— Pourquoi ?

— Je vous l'ai dit : je n'ai plus d'argent. Je vais quitter cette maison et je ne veux pas l'emmener avec moi. Ailleurs, elle serait **invivable**. Je n'ai vraiment plus d'argent. Je vis depuis des années au-dessus de mes **moyens** : la maison, la voiture, tout enfin… Vous êtes habitué aux questions d'argent, cher ami, et dans ce domaine vous êtes sûrement **très habile**. Je ne le suis pas. Et Alban sans argent…

Vincent insista.

— Non, je m'y refuse. Faites ce que je vous demande. **Qu'elle aille au diable**. Je ne sais pas comment **m'y prendre**. Ce n'est pas en l'insultant **davantage** que je la persuaderai. Je vous en **supplie** : je n'ai aucune envie de la revoir. Dites-lui de partir demain matin. Allez la voir maintenant. Dites-lui n'importe quoi. **Débrouillez-vous**. Je veux mettre de l'ordre dans ma tête, dans cette maison. Tant qu'elle sera là, ce sera impossible… Vous et moi, nous partirons un peu plus tard. Vous ne connaissez pas bien la forêt. Je vous y emmènerai. La pluie est proche ; je la sens. Nous **ramasserons** des champignons… S'il vous plaît, Vincent !

à contrecœur reluctantly
rai ray
coiffeuse dressing table

qu'on fasse ses commissions that someone delivers his messages
 for him
je ne marche pas I'm not going
remerciée dismissed, let go
bonne maid
changera pas d'avis will not change his mind
buté stubborn
campement boot camp
gisaient were lying
fixa stared him down

narquois sardonic
échoué failed

secouait was shaking
tilleuls lime trees
hachant mincing

ne parvenait pas à could not get to

romans policiers thrillers

éclata broke
trombes de pluie torrential rain
draps sheets
ombre shadow
épaisse thick
apprivoisée tamed

Il obéit **à contrecœur**, hésita en haut de l'escalier ; il n'était jamais entré chez elle. Il vit le **rai** de lumière sous la porte et frappa. Elle lui tournait le dos, assise devant sa **coiffeuse**.

– Isabelle, c'est fini. Je crois que nous allons tous partir.

– Tu viens me dire adieu ?

– Tu partiras la première.

– Parfait ! Alban t'envoie ! Décidément, il aime beaucoup **qu'on fasse ses commissions**. Mais moi, **je ne marche pas**. On m'a déjà **remerciée** une fois, ça suffit. Je ne suis pas sa **bonne**, je suis sa prisonnière, c'est très différent.

– Il ne **changera pas d'avis**. Réfléchis.

Elle le regarda dans le miroir, le visage dur et **buté** :

– Je ne fais que cela. Je reste.

Sa chambre tenait du **campement** et le plus grand désordre s'y voyait. Ses quelques vêtements **gisaient** sur le sol, mais les vêtements, il est vrai, jouaient un bien petit rôle dans la vie d'Isabelle. Elle se leva et le **fixa** :

– Tu es tellement ennuyeux ! Va-t'en.

Il redescendit au salon. Alban l'attendait, l'air **narquois** :

– Vous avez **échoué** ! Vous le pensez du moins. Je n'en suis pas si sûr. Isabelle est lente à se décider… Écoutez le vent !

Ils sortirent dans le jardin. Le vent **secouait** les **tilleuls** sauvagement, **hachant** les feuilles sous un ciel étoilé. L'été basculait dans l'automne. Le seul commentaire d'Alban fut :

– Il pleuvra cette nuit ; je le sais.

Vincent **ne parvenait pas à** s'endormir. Il lisait un livre qu'il avait trouvé dans la bibliothèque du vestibule, au milieu de **romans policiers** et d'ouvrages sur la cuisine et le jardinage. *Lieber Augustin… Cher Augustin.* Tel était le titre de ce curieux livre, si loin dans le temps, si loin dans l'espace !

L'orage **éclata** et ce furent des **trombes de pluie** ; la lumière s'éteignit. Il posa le livre sur la table de nuit et tira les **draps** par-dessus sa tête. Il rêva qu'il se promenait dans une allée de forêt dont l'extrémité était envahie par une **ombre épaisse**. Sa panthère **apprivoisée** marchait derrière lui. Du milieu de l'ombre jaillit un

buffle buffalo
femelle female
rousse ginger
enclos fences
rabougries stunted
boutoir snout
ébranlaient shook
bondit leaped
blessée wounded
canif penknife
coup blow
estoque give the death blow (to). The verb comes from the
   Spanish name for the special sword used to dispatch a bull.
s'écroula collapsed
enfouit hid
sueur sweat
léchait was licking
chevet bedside
à voix haute aloud

grêle hail
figé stuck
à tue-tête at the top of his voice

crachin drizzle
dégâts damage

tas de bois woodpile
bûcher woodshed
alentour around
s'est vengée got even

raisonna reasoned with

buffle (une vieille **femelle** presque **rousse**) qui le chargea. Le bruit de son galop était terrifiant. Il prit la fuite et sauta une série d'**enclos**. La bête sautait, elle aussi. Il finit par grimper à un arbre aux branches **rabougries**, comme ceux qui poussaient dans le parc de son enfance. Les coups de **boutoir** de l'animal **ébranlaient** le tronc ; il allait tomber. La panthère, comprenant enfin qu'il était en danger, **bondit** à son tour : bataille féroce ! La panthère est **blessée**. Va-t-elle mourir ? Il vint à son secours et, avec un simple **canif**, porta un **coup** formidable à la tête du buffle, à l'endroit où l'on **estoque** les taureaux. Le buffle **s'écroula**. C'était fini… Il s'approcha de la panthère et posa sa tête sur elle, puis l'**enfouit** dans la fourrure soyeuse de son ventre. Il rêva (car il rêvait toujours) qu'il se réveillait en **sueur** sur l'île écrasée de soleil. Hermès **léchait** sa main. Isabelle le regardait : « Tu dormais profondément », observa-t-elle.

Vincent se réveilla pour de bon. La lumière à son **chevet** était revenue. « Je n'ai pas inventé ce rêve, articula-t-il **à voix haute**. Il est vrai. Mais quel sens a-t-il ? »

La pluie continuait, une pluie battante, entremêlée de **grêle**. Il attendit le jour, **figé** dans son lit.

Dehors, on l'appelait **à tue-tête**. Il courut ouvrir la fenêtre. Alban, en pyjama, criait :

– Elle est partie, elle est partie. Avec Hermès !

Il s'habilla et le rejoignit dans le jardin. Le jour était depuis longtemps levé, gris, uniformément gris. La pluie avait tourné au **crachin**. Constant, au milieu des roses, évaluait les **dégâts**, indifférent au désespoir d'Alban. Ils cherchèrent vainement le chien toute la matinée ; ils n'auraient pas agi d'autre façon s'ils avaient perdu un objet, qu'on aurait pu cacher sous un meuble, dans la cave, dans la voiture, derrière le **tas de bois** du **bûcher**. Personne, **alentour**, n'avait aperçu Isabelle ou Hermès.

– Elle **s'est vengée**, répétait Alban. Comment n'y ai-je pas pensé ! Hermès était mon ultime protection.

Vincent le **raisonna**, le calma enfin. Il s'occupa des repas, du vin, du feu. Dans la tranquillité du soir, il parla, lui qui le plus souvent écoutait :

pudeur *here:* sense of propriety
à son sujet concerning her
vanter boast of

J'en ai souffert I have suffered from it
tenace persistent
bal de vos noces your wedding ball
perdu dans ses songes lost in thought

glace mirror
chercher à la revoir to try to see her again

à mon aise at ease
bordées de platanes lined with plane trees
aboutissaient ended up
erré wandered/roamed around

l'ignoriez didn't know it

enfermé enclosed

– Parlons de Solana. Nous l'avons beaucoup aimée, tous les deux. Mais c'est vous qu'elle aimait, Alban, qu'elle aimait tendrement. Ah ! Je me souviens si bien, la première fois, quand nous l'attendions en silence ! J'étais tellement impressionné par votre réserve, votre **pudeur à son sujet** : vous auriez pu la décrire, **vanter** ses charmes ; mais vous ne disiez rien et votre cœur était plein d'elle. Je crois que c'est à cause de cela que j'en étais par avance amoureux, … à cause de vous. J'imaginais une apparition miraculeuse. Ce fut bien mieux : la vie, le printemps ! Et vous étiez si distants et si proches que je compris aussitôt qu'il n'y avait aucune place pour moi dans ce bonheur. **J'en ai souffert.** Pas une grande souffrance, mais **tenace**, persistante. Elle dure encore. Ah, souvenez-vous du **bal de vos noces** ! Pourquoi l'avez-vous quittée ?

Alban le regardait, **perdu dans ses songes**.

– Pourquoi ? insista Vincent. J'ai le droit de savoir. Que s'est-il passé après l'accident ?

Il eut un geste vague.

– Comment vous le dire ? Je l'ai conduite à l'hôpital. J'allais la voir tous les jours, mais je ne l'aimais plus. Elle a demandé qu'on lui apporte une **glace**. Ensuite, elle m'a regardé et m'a dit de m'en aller, de ne pas **chercher à la revoir**. Jamais… J'étais à la fois perdu et rassuré. Seul. J'ai fait réparer l'Hispano. Je n'étais vraiment **à mon aise** que dans la voiture, sur d'interminables routes blanches **bordées de platanes**, qui **aboutissaient** chaque nuit à un hôtel différent. J'ai **erré** quelques mois et je ne saurais vous dire exactement pourquoi je suis revenu à mon point de départ : ce fleuve et cette vallée, le village où vous et moi nous nous sommes retrouvés. Vous **l'ignoriez** peut-être : c'est là que j'ai connu Solana et Isabelle. J'ai loué la maison où nous sommes à présent. Repris Isabelle. Refermé le cercle. Ne faut-il pas obéir à son destin ? Et quel meilleur refuge que la cruelle splendeur de l'été !

Quel malheur, reprit-il, quel grand malheur d'être beau ! La beauté est un obstacle insurmontable. J'ai toujours vécu **enfermé** dans la beauté. Je me moque de savoir si je suis beau, ou si Solana l'était. Ou Isabelle. C'est d'un charme qu'il s'agit, d'un signe, que,

rejetés rejected
font peur frighten
privés deprived
mépris contempt
accable overwhelms
cicatrices scars

blancheur immaculée immaculate whiteness
soin care
blanchi à la chaux whitewashed

vivante alive
à sa recherche in search of her
Je vous en conjure I beg you
personnage character (in a play)

Vous vous moquez de moi You're making fun of me
à bout de force at the end of my rope

monacale monastic

maussade sullen
accalmie lull
allées paths

détrempé soggy
crus raw
écrasés crushed
cueillette picking (mushrooms)
dressé set

fleuve river
coule flows

pour leur malheur, de rares privilégiés portent sur eux comme une croix : tant qu'ils ont le signe, ils sont **rejetés**, car ils **font peur**. Qu'ils en soient un jour **privés**, et le **mépris** de tous les **accable**... Peut-être que les cheveux de Solana ont repoussé, que ses **cicatrices** ont disparu. Je ne sais pas, je ne l'ai pas revue. Je ne sais même plus si je l'ai aimée, si j'ai aimé une seule personne dans ma vie. Où puis-je aller à présent ?

— Dans votre pays ? Là où vous êtes né. Rappelez-vous : le soleil, le bleu violent de la mer, votre île.

— Mon pays, mon île ! Je vous l'affirme, sous sa **blancheur immaculée**, sans cesse renouvelée par le **soin** de ses habitants, — même le sol des rues est **blanchi à la chaux** –, cette île est le noir absolu.

— Solana est **vivante**. Qu'importe si elle a changé. Elle est malheureuse ; elle vous aime, elle vous attend. Allez **à sa recherche**. Je vous aiderai, Alban... **Je vous en conjure** : sortez de votre **personnage** !

Il se leva, pris d'une soudaine colère :

— **Vous vous moquez de moi** ! Vous le savez bien. Je ne suis rien d'autre qu'un personnage ! Vincent, je suis très fatigué, **à bout de force**. Je voudrais être seul, je voudrais dormir.

Vincent l'accompagna jusqu'à sa chambre. Elle était **monacale**.

La pluie cessa, bien que le ciel restât **maussade**. Ce fut une **accalmie**, comme il en existe dans les souffrances. Les écrivains appellent cela : les intermittences du cœur. Alban emmena Vincent dans la forêt. Les **allées** étaient envahies de champignons, le sol **détrempé** fermentait. Alban les nommait : « Il y en a, disait-il, qu'il faudrait manger **crus**, après les avoir **écrasés** entre ses doigts. » De leur abondante **cueillette** ils firent un plat qu'ils consommèrent cérémonieusement dans le salon, après avoir **dressé** la table comme pour un dîner de gala, tous flambeaux allumés, et disposé l'argenterie de la maison selon les règles.

— Je suis devenu grâce à vous un fils de ce **fleuve**, déclara Vincent. Il **coule** d'Est en Ouest, dans le sens de la vie. Il me protégera.

âcreté bitterness
céderont la place will give way to
vous y parviendrez you'll get there
compagnons de route fellow travelers
souhaitable desirable
Accrochez-moi Hang me up (picture)
à contre-jour against the light

don gift

plains complain
ajouta added
se taisaient grew silent

distraitement with half an ear
à peine hardly
épuisantes exhausting
à force de by dint of
désœuvrement idleness
subir le destin suffer fate

Il la retrouverait He would find her again

éclat terni radiance tarnished
séducteur seducer

Contre les excès de toute sorte, contre la vanité des choix.

– C'est vrai, et vous vivrez longtemps. Vous êtes pareil au vin que nous buvons ce soir : l'**âcreté**, la violence de votre jeunesse, **céderont la place** à une tranquille maturité et vous descendrez lentement le cours de ce fleuve. Irez-vous jusqu'à la mer ? Naviguez avec précaution et **vous y parviendrez**, je le crois. Mais vous perdrez l'un après l'autre vos **compagnons de route**. Est-il **souhaitable** de vieillir solitairement sous les portraits de ses amis disparus ? Je n'en suis pas sûr. **Accrochez-moi à contre-jour**, quelque part dans les galeries de votre mémoire. Prévoyez aussi une place pour Isabelle qui vous a fait l'amour comme aucune autre femme ne vous le fera plus. Certes, elle ne vous aimait pas ; le **don** de son corps n'en est pas moins respectable et, bien que je le lui aie suggéré, rien ne l'obligeait à vous rejoindre dans votre chambre.

Isabelle me ressemble, et moi, je supporte moins encore la différence. Isabelle est plus forte que l'amour, elle ressemble à la mort. Je suis content que ma mort ait un aussi beau visage. Je ne me **plains** pas.

Il **ajouta** à voix basse :

– C'est vrai. Moi vivant, les oiseaux **se taisaient**. Mon absence leur rendra pour un temps la liberté.

Mais déjà Vincent ne l'écoutait plus que **distraitement**. Il était **à peine** avec Alban. Il n'était plus Vincent. Comme ces vacances avaient été longues, **épuisantes à force de désœuvrement** ! Il n'avait pas, en ce qui le concernait, à **subir le destin**. Il était son maître, il allait agir à nouveau. Dans le secret de ses pensées, il tournait doucement le dos à sa propre jeunesse. Cependant, belle ou moins belle, il aimait Solana. **Il la retrouverait**. Alban lui avait imposé Isabelle, il ne subirait pas de la même façon Solana, il ferait sa conquête. Que sa beauté fût diminuée, son **éclat terni**, le rassurait presque : il n'avait rien d'un **séducteur**.

Max rouvrit les yeux. Ceux d'Alban étaient transparents.

– Je partirai demain, lui dit-il. J'ai tellement négligé mes affaires. Dieu sait quels ennuis m'attendent chez moi.

Alban approuva.

Max, qui voulait dire adieu au jardinier Constant, le trouva au

potager vegetable garden
tonnelle arbor
soigneusement carefully
ratissées raked
lauriers laurels
ifs yew trees
stèle carrée square foundation
fronton pediment
couronné par crowned by
aveugle blind
barré crossed
guirlande garland
voile veil
plis folds
en ornait le haut decorated the top
pavots poppies
enrubannés decorated with ribbons
papillon de nuit moth
avalait was swallowing
en guise d' by way of
riant aux éclats bursting out laughing
enterrée buried
dont j'ignore of which I don't know anything
frappé struck

antiquaire antique dealer

à merveille marvelously

craignait was afraid of
Je l'ignorais I didn't know that
n'osait pas didn't dare
vous déplaire displease you
vous la regrettiez you missed her

90

fond du **potager**, près d'une **tonnelle** où brûlaient les feuilles **soigneusement ratissées** depuis la tempête. À l'intérieur de cet enclos, planté de **lauriers** et d'**ifs**, il découvrit un étrange monument funéraire : c'était une **stèle carrée**, surmontée d'un **fronton**, lui-même **couronné par** une urne en forme de visage. Mais, à la place des yeux, du nez, de la bouche, ce visage infiniment **aveugle** était **barré** en diagonale par une **guirlande** de fleurs, tandis qu'un **voile** aux **plis** symétriques **en ornait le haut** et les côtés. D'autres détails de la sculpture retenaient l'attention : un bouquet de **pavots enrubannés**, un **papillon de nuit** aux ailes largement déployées, et, de l'autre côté du fronton, un serpent **avalait** sa queue. « C'est vieux », décréta Constant, **en guise d'**explication.

Il leur fallut moins d'une heure pour atteindre la gare. Alban arrêta la voiture et Max se décida à lui demander ce que signifiait le curieux monument.

– Enfin ! répondit-il en **riant aux éclats** comme au temps de leurs promenades nocturnes, vous avez enfin trouvé le tombeau de la Femme Inconnue ! La statue, celle de l'Hispano qui vous agitait tant, est **enterrée** au pied de cet édifice **dont j'ignore** tout puisqu'il était là bien avant moi.

J'ai la passion des statues. Vous avez certainement été **frappé** par sa ressemblance avec Isabelle. Étonnante, n'est-ce pas ? Quand nous vivions ensemble, Solana, Isabelle et moi, nous l'avons découverte chez un **antiquaire**. Cela nous amusait de lui confier la garde de l'Hispano, à la place d'Hermès. Vous connaissez la suite : mon départ avec Solana, puis notre séparation ; et quand Isabelle m'a rejoint ici, j'ai enterré la statue sous ce monument qui symbolise **à merveille** la solitude, l'incommunicabilité, la permanence des êtres. La statue par elle-même ne signifiait plus rien, si ce n'est – bizarrement – la perte de Solana.

– Solana **craignait** cet objet, Alban.

– **Je l'ignorais.**

– Elle **n'osait pas** vous le dire. Elle avait sans doute peur d'être ridicule ou de **vous déplaire**. Isabelle était sa rivale ; elle était convaincue que vous l'aimiez plus qu'elle, que **vous la regrettiez**… Elle la détestait.

En quoi In what way
étonner surprise
à quel usage for what use/purpose
se tromper make a mistake
Peu importent It doesn't matter

se pencha par leaned out
Vous avez tort You are wrong

– Mais non, mais non. Elles ont vécu ensemble. Elles n'ont jamais cessé de se voir. **En quoi** cela pourrait-il vous **étonner** ? Moi, je voudrais qu'on me dise qui a commandé ce monument et **à quel usage**. Il ne faut pas **se tromper** dans le choix des questions. **Peu importe** les réponses.

Sur le quai – la pluie tombait à nouveau –, Alban attendit le départ du train. Max **se pencha par** la fenêtre :

– Je vous en prie, Alban, aidez-moi à retrouver Solana !

– Vous la reverrez, puisque vous le désirez tant. **Vous avez tort**, il ne faut jamais céder à la magie du passé.

laconique terse
devine guess
vous la sauverez you will save her
je vous ai ébloui I have dazzled you

sera l'affaire d'une seule soirée will only take one evening
elles *here:* refers to *soirées*

vidée emptied
ameublement furnishings
poêle stove
lit de camp cot
amaigri gaunt-looking
s'attendrit was moved
Vous m'avez manqué I've missed you

affaires belongings

trahi betrayed
À l'arrière In the backseat
à mon aise at my leisure
glaces windows

TROIS

*L*A LETTRE N'ARRIVA qu'en décembre. Elle était **laconique** :
« J'ai retrouvé Solana. Si vous n'avez pas peur de la revoir, je
vous conduirai jusqu'à elle, je **devine** vos pensées. Vous croyez que
vous la sauverez de je ne sais quel enfer, quant à moi, **je vous ai
ébloui**, je vous fatigue à présent, ne craignez rien, il nous reste peu
de temps à passer ensemble ; ce **sera l'affaire d'une seule soirée**. Il
est vrai qu'**elles** sont longues en hiver. Vous me trouverez à mon
ancienne adresse. »

Max ne reconnut pas la maison où Alban habitait avant son
mariage. Elle était glaciale et **vidée** de son **ameublement**, à
l'exception du **poêle** éteint, du **lit de camp** et de quelques chaises.
Le chanteur, dans son éternel costume vert, était pâle, **amaigri**,
mais le sourire n'avait rien perdu de son charme. Il paraissait si
sincèrement heureux de le revoir que Max **s'attendrit** à son tour :

– **Vous m'avez manqué** !

– Vraiment ? Cet endroit est sinistre, n'est-ce pas ? Je le quitte :
rien ni personne ne m'y retiennent. Mes **affaires** sont déjà dans
l'Hispano.

– Où irez-vous ?

– J'ai mon automobile. Voilà ma vraie, mon unique maison !
Allons la rejoindre. N'est-elle pas superbe ? ajouta-t-il en y prenant
place. Elle ne m'a jamais **trahi**. **À l'arrière**, je peux dormir **à mon
aise**, écrire mon courrier, chanter sans être entendu. Les **glaces** sont

blindées *here:* bulletproof
flacons flasks
eau-de-vie brandy
se dissimule is concealed
à défaut for lack
armes à feu firearms
nuit de noces wedding night

se récusa refused to give an opinion
impasse deadend street
encombrements traffic jams
équipage crew
étonnés surprised
agacés irritated
en soi in itself
plaie plague
en revanche on the other hand

hospice poorhouse
quelque part somewhere
du coup as a result
n'y met plus les pieds doesn't set foot in there anymore
brillait shone
à moins de broder unless you embellish
à quoi bon what's the use/point

glace murale mirrored wall

habit de lumières suit of lights, name given to matador outfits
costume râpé threadbare suit
entrer en scène walk on stage

n'importe quoi nonsense
dévorer eat you alive
Vous me faites de la peine You hurt me

blindées. Je crois qu'elle a dû appartenir à un gangster. Sous les **flacons** à **eau-de-vie se dissimule** un coffret où je range mes objets de toilette **à défaut** d'**armes à feu**. Et lorsque je m'arrête devant les cafés, les garçons viennent me servir à bord de la voiture. Quel luxe ! Cela vous amuserait-il de vous asseoir à la place de la statue, à la place d'Hermès ? Vous n'imaginez pas le confort… J'y ai passé ma **nuit de noces** avec Solana.

Max **se récusa**. Ils sortirent de l'**impasse**, et, d'une main sûre, Alban navigua sur les boulevards au milieu des **encombrements**. Les conducteurs, dans les autres voitures, levaient les yeux sur leur **équipage**, **étonnés**, puis **agacés** par une telle différence (les gens ne supportent pas la différence et ce n'est pas une question d'argent : ils la trouvent injuste **en soi**, c'est la **plaie** de notre siècle). Du haut des autobus, **en revanche**, d'autres visages les regardaient, absents et fatigués.

– La ville a changé, dit Max.

– Elle ne change pas. Nous ne sommes plus à la place qui était la nôtre, voilà tout. Vous vous souvenez du *Vieux-Loup* ? Les Trois Grâces ont disparu. Madame Hélène est morte. Madame Andrée est à l'**hospice**, **quelque part** en province… Pire encore : on ne peut plus y boire à crédit ! Lady Popo, **du coup**, **n'y met plus les pieds**. Que restera-t-il de ce petit monde qui ne **brillait** que par notre jeunesse ? Si vous écrivez un jour vos mémoires, vous découvrirez vite que la plupart des existences tiennent en quelques pages, **à moins de broder**, mais **à quoi bon** ! … Je vous invite à dîner, Vincent.

Alban, assis en face de Max, se regardait sans cesse dans la **glace murale** au-dessus de la banquette du restaurant. Il se justifia :

– Ne voyez pas là de la coquetterie, même si j'en ai souvent. Je voudrais seulement faire bonne figure. C'est mon **habit de lumières**, ce vieux **costume râpé**. Je soigne mon apparence, comme fait le matador avant d'**entrer en scène**.

– Ne dites pas **n'importe quoi**, je vous en prie. Quand cesserez-vous de vous croire au théâtre ? Solana ne va pas vous **dévorer**.

– **Vous me faites de la peine**, vous en qui j'ai une telle confiance.

risible laughable
me jalousaient were envious of me
retraite retirement

ironisa spoke with irony

ne manquerait pas would not fail

odeur (*false cognate*) scent, smell
carnassières carnivorous
répandent spill

denrée commodity

renvoyer reflect
alexandrins alexandrines, lines of verse in 12 syllables
maître d'hôtel head waiter
montrachet et château-Montrose high-end wines from Burgundy
    and Bordeaux, respectively
sommelier wine steward
décollées sticking out
Nosferatu de Murnau Nosferatu, the vampire in Friedrich Wilhelm
    Murnau's classic 1922 Dracula adaptation, *Nosferatu, eine*
    Symphonie des Grauens, starring Max Schreck in the title role.
    Werner Herzog remade the film in 1979.
trébuchant stumbling
troqué bartered
sève sap
jus du Médoc *in effect:* good wine
du bout des lèvres aloofly

Pourquoi refusez-vous de me croire, de m'accepter comme je suis ? Est-elle si **risible**, ma peur des autres ? Quand je chantais autrefois, j'étais aimé et les gens **me jalousaient**. Ils sont ainsi faits qu'ils ne me pardonneront pas davantage mon silence et ma **retraite**. Je serai vraiment dévoré.

À quelques tables de la leur, une très belle femme avait les yeux fixés sur lui.

— Eh bien, Alban, **ironisa** Max, votre charme est intact ! Vous continuez à séduire. Si vous étiez seul, je crois qu'elle viendrait s'asseoir à ma place et son compagnon **ne manquerait pas** de vous provoquer en duel. Voilà l'unique danger qui vous menace !

— Vous vous trompez. Ce n'est pas ma beauté qui la fascine, c'est l'**odeur** de la mort. La vôtre, la mienne, peu importe. Dans la jungle des villes, les femmes sont **carnassières** : elles vivent au milieu du sang – leur sang qu'elles **répandent** aussi longtemps qu'elles sont femmes, et le sang des autres. Or le sang d'un poète est une **denrée** rare… Pauvres poètes qui ne savent rien faire ! ni l'amour ni la guerre ; ni le bien ni le mal. Ils sont transparents. C'est pourquoi les miroirs jouent un tel rôle dans leurs vies ; un miroir a au moins le mérite de **renvoyer** quelque chose. Il leur manquera toujours la consistance, et les plus beaux **alexandrins** n'auront jamais la force d'un simple geste.

Le **maître d'hôtel** prit leur commande et Alban se réserva le choix des vins, **montrachet et château-Montrose**. Le **sommelier** apprécia : « C'est ma dernière bouteille de Montrose 1928 », soupira-t-il. Avec ses oreilles **décollées**, sa maigreur extrême, il ressemblait au **Nosferatu de Murnau**, à un vampire doux et **trébuchant** qui aurait depuis des années **troqué** la **sève** des jeunes vierges contre le **jus du Médoc**.

Quand vint le moment du dessert, Alban réclama sur un mode incantatoire : « Du sang et des larmes ! » Le maître d'hôtel était trop respectable pour sourire. Il répondit **du bout des lèvres** :

— Je regrette. Nous n'avons pas cela. Mais je puis recommander à Monsieur la spécialité de la maison : notre charlotte aux fruits de la passion.

— Va pour la charlotte, dit Alban.

marc distilled spirit
verdâtre greenish
huître de pleine mer sea oyster
pourboire tip

dénicher come up with
tabourets stools
s'entassait had piled up
jeunes et de moins jeunes young and not so young, an idiomatic and euphemistic expression
tourne-disque record player
tiré à quatre épingles impeccably tailored
raide stiff
inconnu célèbre paradoxical expression referring to a VIP unknown to the public at large
fous madmen
se pendre to hang himself
décoller to stretch

cours de la Bourse stock-market quotations
ciré ses souliers polished his shoes

se pencha leaned

bêtises nonsense

Ils fumèrent des havanes avec un **marc** dont la couleur, à la différence des marcs habituels, était d'un blanc presque **verdâtre**, comparable à l'eau d'une **huître de pleine mer**.

Alban laissa en partant d'énormes **pourboires**. La belle femme le suivit des yeux jusqu'à la porte.

Il saisit Max par le bras lorsqu'ils furent dehors et lui demanda :

– S'il vous plaît ! Pas encore. Solana ne sera pas là avant minuit, peut-être même plus tard. Aimez-vous le jazz ? Je vous emmène d'abord chez un vieil ami. Il a une très belle collection de disques. S'il vous plaît !

– Rien ne presse en effet. Arrêtons-nous chez lui.

C'était un lieu sombre et enfumé. Ils eurent du mal à **dénicher** deux **tabourets** au bar devant lequel **s'entassait** une foule de **jeunes et de moins jeunes** qui parlaient à voix basse en buvant leurs bières. De l'autre côté du bar, près du **tourne-disque**, se tenait un homme très mince, en complet veston croisé bleu marine, **tiré à quatre épingles**, **raide** et souriant, le visage à demi caché par la fumée de sa pipe. Il ressemble, pensa Max, à un **inconnu célèbre**.

– Voici, dit Alban avec emphase, le gardien des nuits extravagantes, mon ami Michel, le plus discipliné des **fous** et le seul qui ait vraiment compris la musique d'Armstrong… Quand il a fini de **se pendre** dans son escalier pour **décoller** ses vertèbres cervicales, quand il a bu son pot de thé, soufflé dans sa trompette, écouté les **cours de la Bourse** et **ciré ses souliers**, il prend son Hispano – car il a lui aussi une Hispano –, et va à son bureau : ce bar où nous sommes. Et là, et là, sur l'océan du jazz, il boit de la bière. Personne, dans les petits matins gris, n'a bu une dernière bière après lui. La sienne, sa dernière, nul ne sait où il la boit, ni quand. C'est un secret d'État.

Michel **se pencha** au-dessus du bar et dit à Max le plus sérieusement du monde :

– Ce sont des **bêtises** : je bois de moins en moins. Mais Armstrong est pour moi le plus grand musicien de tous les temps. Il dit avec sa trompette des choses claires, irréfutables, d'une sublime tendresse.

sommait summoned

étagère shelf
revers de sa manche back of his sleeve
soutenue backed up

jaillit rang out
brisant net breaking off
s'élançant leaping
cheminement forward movement
cortège (funeral) procession

ici-bas here on earth

ténèbres darkness

auparavant before that

ivre drunk

épreuve test

Savez-vous ce qu'il a répondu à un journaliste qui le **sommait** d'expliquer sa musique en vingt secondes ? « Tant d'amour perdu… » Tant d'amour perdu ! Ça, ce n'est pas des bêtises !

Sur l'**étagère** derrière lui, où les coffrets des disques étaient alignés à la place des bouteilles, il en prit un et le posa sur l'appareil après l'avoir essuyé du **revers de sa manche**. Son titre était : *Just A Closer Walk With Thee* ; une marche très lente, **soutenue** par les tambours, évocatrice des funérailles traditionnelles de la Nouvelle-Orléans… La voix d'Armstrong ! Soudain, comme si avec l'instrument il répondait à sa propre voix, la trompette **jaillit**, la dominant de sa force prodigieuse, **brisant net** le court silence, **s'élançant** de note en note vers les hauteurs, perpendiculaire à la voix qui, elle, avait suivi le **cheminement** terrestre du **cortège**. La dernière note se perdit en plein ciel, pareille à l'oiseau que le regard humain ne parvient plus à distinguer. Alors les vivants qui écoutent une telle musique se retrouvent entre eux, cloués au sol, noyés dans le brouillard de leurs pensées, ni gais ni tristes, car tel n'est pas le choix véritable qu'ils ont à faire **ici-bas**.

— Je crois, ajouta Michel, après leur avoir servi d'autres bières, qu'Alban préfère entendre ce soir Duke Ellington. Armstrong est solaire et notre ami n'est pas encore sorti de sa nuit. Voici, pour les **ténèbres**, son air préféré : *Saddest Tale*. Ellington y répète à deux reprises une phrase incompréhensible qui se termine ainsi : « That's the Truth, the Truth they said on me… »

Alban l'interrompit :

— Ah oui ! Michel. Si je savais ce qu'il dit **auparavant**, j'aurais peut-être la clef de ma propre énigme. Écoutons encore… La phrase garda son mystère. Alban leva son verre d'une main qui tremblait et Max réalisa qu'il était **ivre**.

— Partons, demanda-t-il. L'air vous fera du bien. Nous sommes en retard.

— Au contraire, nous sommes à l'heure, à la minute. Dans la liturgie, il faut toujours commencer par entendre les prophètes avant d'accomplir les rites. C'est ce que nous avons fait. Maintenant, je suis prêt à vous suivre. Je ne souhaite pas cette **épreuve**. Elle est

gardez-vous de refrain from
pleurer sur mon sort lamenting my fate
bourreaux executioners
Ils en auront grand besoin They'll really need it
ne se départissait jamais always retained

Prenez soin Take care

clochard street bum
portier doorman

imprudence rashness

fit said
je viens d'arriver I just got here

s'engagea took (a road)
à vive allure at high speed
brûla ran through
feux rouges red (traffic) lights
à la mode fashionable
appliques electric wall fixtures
sciure saw dust
s'éteignaient dimmed, went out
étoiles filantes shooting stars
en strass adorned with (fake) jewels (strass)
pastis anisette liqueur
placard à balais broom closet
ralentit slowed down

enseigne lumineuse neon sign
courant electrical current
clignotaient flickered
vernissé varnished

inéluctable. Puisque vous serez présent, **gardez-vous de pleurer sur mon sort** ; consolez plutôt mes **bourreaux. Ils en auront grand besoin.**

Michel les reconduisit jusqu'à l'entrée avec ce calme et cette politesse dont il **ne se départissait jamais.** Il prit Max à part :

– Vous connaissez le chemin. J'espère vous revoir : nous avons beaucoup de choses à nous dire. **Prenez soin** d'Alban. (Puis, regardant d'un œil appréciateur l'Hispano.) Ça non plus, ce n'est pas des bêtises !

Dans la rue, le **clochard** qui sert de **portier** au cabaret voisin s'approcha d'eux et tira Max par la manche :

– Un franc, vous n'avez pas un franc ?

Max, qui détestait les clochards, eut l'**imprudence** de lui déclarer qu'il avait déjà donné.

– Impossible, **fit** l'autre ; **je viens d'arriver.**

Alban **s'engagea à vive allure** sur les boulevards et **brûla** quelques **feux rouges**. Il montra du doigt l'hôtel devant lequel ils passaient : « C'est là que je logeais quand je suis arrivé dans votre pays, très jeune et très riche… J'allais dans les bals **à la mode**. Mon préféré avait des **appliques** dorées, de la **sciure** sur le sol, et chaque fois que l'orchestre jouait un tango, les lumières **s'éteignaient**, sauf la grosse boule centrale qui tournait en projetant des **étoiles filantes** sur les visages. J'y ai fait la connaissance de Lady Popo. Elle était au bar, digne et solitaire, dans une longue robe **en strass**. Elle m'a invité à danser. Ensuite, nous avons bu des **pastis** un peu partout, et je me suis réveillé, le jour suivant, dans le **placard à balais** d'un musée. Seul, bien entendu. » Il **ralentit** enfin en descendant la rue, après une place ronde où la pendule marquait 1 heure.

– Terminus, annonça-t-il. Nous allons au *Vieux-Loup*.

Il y avait une grande et belle place pour leur voiture juste devant. *Bar des Bacchantes* proclamait à présent en lettres d'un rose céleste l'**enseigne lumineuse**, au-dessus d'une paire de moustaches éclairées en bleu. Le **courant** passait mal dans les moustaches et celles-ci **clignotaient**. La porte était d'un noir **vernissé**. On y lisait : « Club Privé. 10 heures à l'aube. »

judas peephole

leur sauta à la figure hit them in the face

cerbère *here:* doorkeeper, bouncer

minet pussycat, a play on *cerbère,* which usually means "watchdog." The implication is that the person is gay.

le dévisagea scrutinized him

Z'avez une carte ? Got a membership ID?

à pois polka-dot

rayée striped

méconnaissable unrecognizable

faux cuir fake leather

spots spotlights

piste dance floor

Blousons cloutés Metal-studded bomber jackets

torses nus bare-chested

minets gays

scène stage

en revanche conversely

en retrait receded

travestis transvestites

juchés perched

tabourets bar stools

soutenir hold up

au bord de la piste at the edge of the dance floor

Purcell Henry Purcell (1659–1695), the celebrated English composer. While his instrumental work is better known, Purcell composed dozens of songs for the theater and public occasions.

galerie *here:* peanut gallery

virent turned

Dès que As soon as

montra les dents bared his teeth

Alban appuya sur la sonnette. Le **judas** s'ouvrit, puis la porte, et le bruit de la musique **leur sauta à la figure**.

– Je suis Alban.

Le **cerbère** était un **minet** en polo clair qui le **dévisagea** de haut en bas.

– C'est privé. **Z'avez une carte ?** Enfin… Vous avez l'air sympa. Connaissez quelqu'un ?

– Solana.

Il éclata de rire. « Tout le monde connaît Solana ! Moi, je suis Blue Bird. Monsieur vous accompagne ? » ajouta-t-il en examinant avec intérêt Max, son costume gris, sa cravate **à pois** et sa chemise **rayée**… « Allez, mes enfants, amusez-vous bien. »

L'endroit était **méconnaissable** : les murs couverts d'un laque violet, les chaises en **faux cuir** noir, les tables chromées, les **spots**, tout se reflétait dans les glaces fumées du plafond avec les têtes des danseurs qui s'agitaient frénétiquement sur la **piste** – les danseurs, car il n'y avait pas une femme. **Blousons cloutés** ou **torses nus**, coiffures décolorées, bottes, chaînes, rien ne manquait à leur accoutrement. Quelques **minets**, identiques à celui de la porte, assuraient le service. La **scène**, **en revanche**, fermée par des rideaux, n'avait pas changé depuis le vieux temps, ni le bar, à gauche et en retrait, où deux **travestis** en robe du soir, **juchés** sur leurs **tabourets**, regardaient danser les hommes.

Alban ne tenait pas sur ses jambes et Max dut le **soutenir**. Il le poussa vers le fond, mais Alban s'arrêta **au bord de la piste**. « Voilà, dit-il, à quoi ressemblaient les mauvais lieux de mon île : tequila, coco et Kentucky fried chicken. Et moi qui chantais du **Purcell** pour amuser la **galerie**. » Ils s'installèrent à côté des travestis. La femme qu'ils **virent** de dos, changeant les disques derrière le bar (pantalon noir et maillot jaune en travers duquel on pouvait lire en lettres également noires : « Au bonheur des dames ») était Isabelle. **Dès qu'**il les aperçut, le chien couché près d'elle **montra les dents**. Elle se retourna, surprise et aussitôt agressive :

– Tiens, tiens ! Alban et ce bon Max ! Finalement, je pensais que vous ne viendriez pas. Le décor vous plaît ? Je crois qu'il est quand

livrés supplied

méchante boisson nasty drink

à la demie at half past the hour

nulle envie no desire

hasard chance
me l'a volé stole him from me
J'emmerde le hasard I don't give a damn about chance
On ne fréquente pas *here:* You don't mess around with (chance)

gronda growled
de plus belle more than ever
se rasseoir to sit down again
minaudant simpering
gueule *(vulgar)* face
Faut pas t'énerver Mustn't get excited
Je vous emmerde Bug off
regagnèrent returned to
en frac et jabot in tails and frilly shirt
assistance public
réclama called for

même plus drôle qu'autrefois. Que voulez-vous boire ?

– De la bière, dit Alban.

– Pas de bière. Coca, whisky, tequila, n'importe quoi. Pas de bière, nous n'avons pas été **livrés** depuis trois jours.

– Alors, de la tequila.

Elle leur versa la **méchante boisson** et Max lui demanda où était Solana.

– Là, fit-elle, en indiquant la scène. Derrière le rideau. Tu vas pouvoir admirer ta chère Solana. Un peu de patience : le spectacle commence **à la demie**. Et maintenant, excusez-moi ; je m'occupe des disques.

À voix basse, Max interrogea Alban :

– Vous saviez qu'elle travaillait là, elle aussi ?

– Isabelle ? Oui, bien sûr. C'est par elle que j'ai retrouvé Solana. J'ai fait cela pour vous (il parlait avec difficulté)… parce que vous avez tellement insisté. Ne l'oubliez pas.

– Et Solana, l'avez-vous revue ?

– Non, mille fois non ! Je n'en avais **nulle envie**. Pourquoi me posez-vous cette question ?

Max réfléchissait au comportement étrange d'Hermès.

– Alban, comment se peut-il que ce chien ne vous reconnaisse plus ?

– Vous croyez peut-être au **hasard** ? Isabelle **me l'a volé** ; elle en a fait mon ennemi. Le hasard, reprit-il, le hasard ! **J'emmerde le hasard**. Quand on est Alban, on a un destin. **On ne fréquente pas** le hasard… Vincent, ma tête tourne. Vous ne voyez pas que je suis ivre. J'ai fait ce que je pouvais… Je voudrais m'en aller.

Il s'approcha d'Hermès et tendit la main, mais le chien **gronda de plus belle** et Max força son ami à **se rasseoir**. Les travestis ne perdaient pas un mot de leur conversation. L'un d'eux se leva en **minaudant** :

– Tu es beau, tu sais. Tu as une jolie **gueule**. **Faut pas t'énerver** !

– **Je vous emmerde**, répondit Alban.

La musique s'arrêta. Les danseurs **regagnèrent** leurs tables. Un petit homme **en frac et jabot** parut sur le devant de la scène. Il salua l'**assistance** et **réclama** le silence :

swing et le cul swing and ass
revenant ghost from the past
vedette star

à une heure de pointe during rush hour
mis un terme put an end
Monseigneur Dupanloup 19th-century theologian, politician, and prelate who sought to reform France's educational system. He eventually became bishop of Orléans and a member of the Académie française. Savaged by anticlerics, he was the subject of the bawdy song "Chanson du Père Dupanloup."
on la lui a retrouvée we've found her for him
ce qu'il en reste what's left of her
figé fixed
paupières baissées looking down
sifflets hissing
courbettes bows
s'éclipsait vanished
s'écartèrent opened
en sourdine muted
gamin kid
fardés heavily made up
tricotait was knitting
fauteuil à bascule rocking chair
ceinture belt
rasé shaved
layette baby clothes
tricot knitting
fausset falsetto

J'en ai marre I've had it, I'm fed up
Point à l'endroit, point à l'envers plain stitch, purl stitch
à la vaisselle washing dishes

s'y raccrocher cling to it
s'écroula collapsed
chute fall

— Mes chéris ! Nous allons vous offrir notre spectacle habituel : sexy, rocky… Le **swing et le cul**, c'est votre affaire ! Patience, patience ! Avant, laissez-moi vous présenter un **revenant**. Une vraie **vedette**, car c'en était une il y a quelques années dans les cabarets de la ville : Alban, le chanteur de charme ! Il a chanté ici même avec son orchestre : « *Les Bacchantes* ». Ah ! Vous n'imaginez pas son succès ! Figurez-vous qu'à l'époque ce pauvre Alban était amoureux fou d'une belle fille, qu'il l'a perdue **à une heure de pointe** dans le métro et passe son temps depuis à la chercher, ce qui a **mis un terme** à sa carrière… Tant d'amour perdu, comme aurait dit **Monseigneur Dupanloup** ! Eh bien, grâce à notre club, une sacrée surprise l'attend ce soir : **on la lui a retrouvée** !… Enfin, **ce qu'il en reste**… Mais Alban est là. Il est dans la salle, mes chéris. Applaudissez-le !

Le projecteur l'éclaira brutalement. Il resta **figé** sur place, les **paupières baissées**, ébloui par la lumière, fragile et dérisoire, au milieu des **sifflets** et des cris, tandis que le présentateur, après quelques **courbettes**, **s'éclipsait**.

Les rideaux **s'écartèrent**. Près de l'orchestre qui jouait **en sourdine**, un **gamin** aux yeux **fardés**, habillé de vert comme Alban, **tricotait**, assis dans un **fauteuil à bascule**. Solana s'approcha de lui. Elle portait une robe rouge ouverte jusqu'à la **ceinture**. À cause de son crâne presque **rasé** et de son violent maquillage, Max mit quelques secondes à la reconnaître.

— Alors, Alban, lui dit-elle en récitant : ça avance, la **layette** de mon bébé ?

Il se leva, le **tricot** à la main, chantant d'une voix de **fausset** :

J'en ai marre, marre, ma Belle.
Point à l'endroit, point à l'envers,
*Je préfère être **à la vaisselle***
que tricoter des pull-overs.

Le véritable Alban pivota sur lui-même devant le bar, voulut **s'y raccrocher** et **s'écroula**, entraînant le tabouret dans sa **chute**. Il

tituba tottered

estrade stage

voyou rascal

médusé dumbfounded

Ordure Trash

bafouilla mumbled

escalader climbed

double *here:* imitator

en arrière backward

foule crowd

bruyante noisy

bagarre fistfight

Fous le camp Get the hell out of here

bouffer eat you alive

chiottes *(vulgar)* shithouse

renversées overturned

marlous pimps

compte personnel personal score

à coup de chaînes et de cendriers by swinging chains and throwing ashtrays

rangèrent put them away (instruments)

à la hâte hastily

coulisse backstage

en fit autant did likewise

maquillage makeup

coulait was running

enfer hell

s'en furent went away

s'évertuaient were striving

à la gorge by the throat

arrachant ripping off

perruque wig

lâcha prise let go

hébété dazed

glapirent yelped

Piquez-le Stab him

curée quarry (in hunting)

bondit pounced

frappa Max qui était parvenu à le remettre debout et **tituba** jusqu'à l'**estrade** où le petit **voyou**, à côté de Solana, semblait **médusé**.

– **Ordure** ! **bafouilla**-t-il. Sale rat !

Il essaya sans succès d'**escalader** la scène. Le **double** d'Alban sauta **en arrière**. La **foule** devint **bruyante**, électrisée par la perspective d'une **bagarre**.

– **Fous le camp** ! cria quelqu'un. Il va te **bouffer** !

– Va aux **chiottes**, c'est plus sûr, reprit un autre.

« Alban, Alban ! » hurlait le public, debout à présent, sans qu'il fût possible de savoir de quel Alban il s'agissait. Très vite, la salle explosa. Dans un coin, au milieu des tables **renversées**, trois **marlous** réglaient un **compte personnel à coup de chaînes et de cendriers**. Les musiciens quant à eux, craignant pour leurs instruments et se sentant exclus de la fête, les **rangèrent à la hâte** et disparurent dans la **coulisse**. Le voyou qui donnait la réplique à Solana **en fit autant**. Elle resta seule, face à Alban. Son **maquillage coulait**. Il lui répétait :

– Tu ne peux pas faire une chose pareille, tu ne peux pas ! Je vais te sortir de cet **enfer**.

Elle murmura, et une grande lassitude se lisait dans ses yeux :

– Mon pauvre Alban… C'est toi, l'Enfer !

Isabelle vint la chercher, lui passa un manteau sur les épaules. Elle l'embrassa sur la bouche.

– Viens, ma douce. On s'en va.

Elles descendirent de l'estrade et **s'en furent** discrètement. Max les suivit.

Le calme revint peu à peu. Les minets ramassaient les débris de verre et rangeaient les chaises. Alban retourna au bar, suivi par les travestis qui **s'évertuaient** à le consoler. La fureur le prit à nouveau. Il en saisit un **à la gorge**, et l'autre, pour le protéger, tira Alban en arrière par les cheveux, lui **arrachant** sa **perruque**. Alors seulement, il **lâcha prise** et s'immobilisa, **hébété**. Dans la salle aux trois quarts vide, quelques-uns des danseurs étaient restés eux aussi.

– Tuez-le, **glapirent** les travestis. Il est fou. Tuez-le ! **Piquez-le** !

Ils se rapprochèrent en souriant, lourds de ce silence qui précède une **curée**. Par-dessus le bar, Hermès **bondit**.

113

pas steps
dans le coup involved

secouait shook

s'en effrayent take fright

cicatrice scar
front forehead
châle shawl

pupilles rétrécies contracted pupils
se corrige can improve
miel honey
attendrit moved *(emotionally)*
amères bitter

ennuierait would (not) bug

jonquilles daffodils
châtaignes chestnuts
sarment shoots (from vines)

devinait knew what he was thinking
secoua shook

je n'ai pas su m'y prendre I failed to make a go of it

Max rejoignit les deux femmes au moment où elles arrivaient sur la place. Isabelle se retourna la première en entendant le bruit de ses **pas**.

– Ah non ! dit-elle. Pas toi ! Tu n'es pas **dans le coup**.

Mais Solana la pria de les laisser ensemble. Elle entra avec lui dans un café presque désert et ils s'assirent l'un en face de l'autre sous la lumière triste du néon. Un adolescent **secouait** dans un coin le juke-box, la serveuse apporta leurs deux rhums.

– Cela fait bien longtemps, Max.

– Un peu plus de deux ans. Je ne t'ai pas oubliée.

Il était comme les chiens qui ont cassé leur chaîne et **s'en effrayent**. Le temps dont il disposait était très court.

– Alors, Max, reprit-elle. Tu veux me parler ? Tu veux savoir. Il ne s'est rien passé finalement... C'était autrefois. Je crois que nous n'avons rien à nous dire.

Il comprit que sa voix avait changé plus que son visage. La **cicatrice** qui zigzaguait du **front** à l'oreille gauche ne l'horrifiait pas : elle pourrait porter un **châle**. S'habiller d'une robe simple. Bleue ; oui, d'un bleu lavande, et, loin des regards curieux, se promener avec lui en espadrilles dans les allées d'un vieux parc, sauvage et familier... Les yeux posaient davantage de problèmes : ils étaient trop fixes, avec leurs **pupilles rétrécies**. Un regard, cela **se corrige** aussi, décida-t-il : quelques semaines, quelques mois, sous l'humide vent d'Ouest. Et le **miel** de la tranquillité **attendrit** si bien les voix les plus **amères**.

Il lui dit sans ouvrir la bouche, car ce n'était pas en paroles mais seulement en pensées, qu'il ne savait pas s'il l'aimait ; que cependant il voulait absolument vivre avec elle, qu'il ne l'**ennuierait** pas au sujet du passé, qu'il partagerait avec elle la maison et la campagne, les enfants, les animaux ; les **jonquilles** du printemps et les **châtaignes** de l'automne et le **sarment** qui, dans les grandes cheminées, brûle moins vite que les cœurs.

Solana **devinait**. Elle **secoua** la tête :

– Tu me proposes ta vie, cher Max. Et la mienne, que devient-elle ? Moi, qui avais tellement rêvé d'une vie ordinaire, **je n'ai pas su m'y prendre**. Je ne peux même plus avoir d'enfants... Donne-moi tes

tendit held out
parie bet

quelconque ordinary

ce qui a pris *here:* what got into
un nom pareil such a name

partager share
reprendre la sienne go back to one's own (life)
n'importe quoi *here:* whatever I want
n'importe qui *here:* whomever I want

Je m'entends bien avec elle I get along well with her
nous rapproche draws us closer together

s'inquiéter worry
Ne fais pas cette tête Don't give me that look

qu'il l'accompagnât him to escort her
bouche d'égout sewer grate
se hâta hurried
apercevant taking notice
œil orange orange flashing light

flic cop

mains. (Elle **tendit** les siennes.) Tu as de très belles mains, Max. Je **parie** qu'on ne te l'a jamais dit.

Après un silence, elle continua :

– J'étais une jeune fille **quelconque**. Pas très cultivée, pas très intelligente. Pas de ton milieu. Tu ne m'aurais pas rencontrée, sans Alban. Tu ne m'aurais même pas regardée. Alban non plus, si je ne m'étais pas appelée Solana. Je me demande **ce qui a pris** à ma mère de me donner **un nom pareil**. Elle était boulangère. Appeler sa fille : Solana ! Alban m'a emmenée dans un monde merveilleux, (elle chercha)… Fabuleux, fabuleux ! Je parle comme Alban. J'étais fascinée. Mais la vie, c'est aussi les accidents, même en Hispano. Je n'ai pas été heureuse, et je voulais avant tout être heureuse. Voilà. J'ai cru que je pourrais **partager** la vie d'Alban, et j'ai perdu. Perdu Alban, perdu cette vie-là. Après, c'est dur de **reprendre la sienne**. Alors, je fais **n'importe quoi**, avec **n'importe qui**. Je ne suis pas tout à fait seule : il y a Isabelle.

Max l'interrompit :

– Elle est mauvaise !

– Mais non, tu exagères. **Je m'entends bien avec elle.** Elle aussi a souffert d'Alban. Cela **nous rapproche**. Et puis, elle est forte. J'ai besoin de sa force. Je crois que nous allons partir loin d'ici, ouvrir un restaurant. J'ai de l'argent, tu sais…

Max, il est tard. Je dois prendre un taxi. Isabelle va **s'inquiéter**, si je ne rentre pas. **Ne fais pas cette tête**, cher Max ! Regarde plutôt la mienne : tu en as de la chance ! Et ne laisse pas Alban seul, ce soir. Il a l'air bizarre.

Elle ne voulut pas **qu'il l'accompagnât** et ils se quittèrent au milieu de la place, près du clochard qui dormait sur la **bouche d'égout**.

Max **se hâta** en **apercevant** le car de police avec son **œil orange** qui brillait sur le toit, par intermittence, devant l'Hispano. À la porte du bar, un **flic** avait remplacé le gentil cerbère et faisait circuler les passants.

– Quelle histoire ! quelle histoire ! expliquait-il : le chien de la

117

égorgé went for the throat of
tirer shoot
commissaire police captain
mordu bitten
allongé stretched out
flaque pool
en charpie in shreds
témoins witnesses
figure de rescapés the look of survivors
sanglotaient were sobbing
à l'écart in the background
déchirées torn to pieces
gémissements moaning
suraigu shrill

le mort the deceased

parent *here:* relative
lieux premises
chargés *here:* carrying
brancard stretcher
drap sheet
dessins drawings
craie chalk
sol ground
emplacement location
ramasser la perruque pick up the wig
poissée sticky
estrade platform
l'en empêcha prevented him from doing so
pièce à conviction piece of evidence
attroupement gathering crowd
fourgon police van
vigile en armes armed guard
porte cochère monumental wooden doors, often ornate, that open
   into the courtyards of Parisian buildings. At one time, they
   allowed horse-drawn carriages (*cocher* = coachman) to enter.

barmaid est devenu fou ; il a **égorgé** un client. Essayez donc de **tirer** sur une bête enragée : ce n'est pas évident. Le **commissaire** a été **mordu**. Allons, ne restez pas là !

Max finit par obtenir l'autorisation d'entrer. Alban était **allongé** par terre à côté d'Hermès dans une **flaque** de sang, le visage **en charpie**. Les agents interrogeaient les quelques **témoins** regroupés devant la scène, qui faisaient **figure de rescapés** après un cataclysme. Les travestis **sanglotaient à l'écart** dans leurs robes **déchirées** ; leurs **gémissements** formaient un continuo, **suraigu**. Dès qu'ils aperçurent Max, ils s'écrièrent en chœur :

– C'est lui, Monsieur, c'est lui !

L'homme en civil au milieu des agents, la main gauche bandée, se retourna.

– Vous connaissez **le mort** ? demanda-t-il à Max.

– Oui, oui, reprirent les travestis sans lui laisser le temps de répondre. Ils sont arrivés ensemble.

Le commissaire examina longuement ses papiers et les mit dans sa poche.

– Vous êtes un **parent** ?

– Non. J'étais son ami.

– Je vois, fit-il avec ironie. Je vous interrogerai tout à l'heure. Ne quittez pas les **lieux**.

Des hommes s'approchèrent, **chargés** d'un **brancard**. Une fois la séance de photographies terminée, ils recouvrirent Alban d'un **drap** et l'emportèrent. On évacua aussi le cadavre du chien. Deux **dessins**, sommairement exécutés à la **craie** sur le **sol**, indiquaient leurs **emplacements** respectifs. Max voulut **ramasser la perruque poissée** de sang qui était restée au pied de l'**estrade**, mais un agent **l'en empêcha** aussitôt, lui rappelant sévèrement qu'il ne fallait toucher à rien et moins encore à ce qui pouvait être une **pièce à conviction**.

Dehors, un **attroupement** s'était formé et c'est au milieu des curieux que Max et les autres montèrent dans le **fourgon** qui s'arrêta quelques rues plus loin ; un **vigile en armes** ouvrit une **porte cochère** anonyme pour les laisser passer, puis la referma. L'immeuble ne ressemblait en rien à ceux des commissariats de

palabres interminable talk

parquetée de sapin (with a) pine floor
grillagées with wire netting
donnaient sur looked out on
cellules cells
déboutonnée unbuttoned
compulsant consulting
affecta à leur garde assigned to watch them

tour à tour alternately
frac tailcoat
gérant manager
blouson bomber jacket
s'esquiver dodge
barbouillés de rimmel with mascara running
racaille riffraff
ivrogne drunkard
barbu bearded
affalé collapsed

engourdi numbed

bois clair light (colored) wood
s'appuyait was leaning
mince péllicule de chaux thin whitewash
enduit plaster coating

inéluctable inevitable
saines clean
à court terme in the short term
Il résolut de hâter la fin He wanted to get it over with

quartier où le va-et-vient des uniformes, les **palabres** du public à la recherche d'objets perdus, rend l'aspect des lieux très débonnaire. La cour intérieure était vide et silencieuse. Ils furent conduits par un escalier mal éclairé jusqu'au premier étage dans une salle **parquetée de sapin.** D'un côté, les bancs sur lesquels on les fit asseoir occupaient toute la longueur du mur ; en face d'eux, des portes **grillagées donnaient sur** une série de **cellules.** Il y avait aussi un comptoir et derrière, un individu à la veste **déboutonnée, compulsant** des papiers. À l'opposé, deux portes, dont les plaques indiquaient : « Bureau » et « W.-C. ». Les flics repartirent, sauf un que le commissaire **affecta à leur garde** avant de s'enfermer dans son bureau.

Max examina **tour à tour** ses compagnons. Le petit homme en **frac** qui devait être le **gérant** du bar ; trois des serveurs ; un garçon en **blouson,** le seul sans doute à n'avoir pas eu la présence d'esprit de **s'esquiver** avant l'arrivée de la police. Et, à distance respectable, les éternels travestis, leurs yeux **barbouillés de rimmel,** se plaignant amèrement d'être ainsi confondus avec la **racaille.**

L'une des cellules était habitée par un **ivrogne barbu, affalé** contre le grillage, et l'autre, par une très jeune fille en manteau de lapin blanc qui tournait en rond dans sa cage ; parfois, elle s'arrêtait, regardant Max et le groupe, et ses yeux inexpressifs étaient de porcelaine pâle.

Si l'hiver et cette nuit avaient pu se comparer à un empire, la pièce où ils se trouvaient en aurait été la capitale ; le désert au centre du désert. Max, **engourdi** par le froid, le cerveau momentanément vidé de toute pensée ou émotion, fixa son attention sur le décor. Le parquet, avec ses veines sombres sur un fond de **bois clair,** multipliait ses arabesques à l'infini. Le mur contre lequel il **s'appuyait** était recouvert d'une **mince pellicule de chaux** partiellement disparue, laissant apparaître un plus ancien **enduit** de couleur ocrée. L'ocre indiquait un changement profond dans la nature des choses, une invasion **inéluctable.** Si quelques zones blanches et **saines** subsistaient au voisinage du sol, mais déjà isolées les unes des autres, la progression du mal semblait **à court terme** décisive. **Il résolut de hâter la fin** et

se mit à découper started scraping
ongles fingernails
plaques de chaux patches of whitewash
atteignit reached, got to
rongé eaten away
salpêtre saltpeter
crépi friable crumbling layers of plaster
grisâtre grayish
poussiéreux dusty
bien portant healthy
fentes slits
sécheresse drought
Sans qu'il s'en rendît compte Without his noticing
porter plainte sue
il aurait bientôt de leurs nouvelles he'd soon hear from them
Bras dessus, bras dessous Arm in arm

s'en mêla butted in
Monsieur l'agent Officer
salopes bitches
elle veut s' toucher she wants to play with herself
haussa les épaules shrugged his shoulders
trousseau de clefs set of keys

pendule clock

accueillant welcoming
levé dawned
interlocuteur the other party in a conversation or negotiation
en brosse crew cut
traits tirés drawn features
Quelconque Could have been anybody
ôta removed

ce que vous foutiez what the hell you were doing
bordel *here:* dump

se mit à **découper** avec ses **ongles** de petites **plaques de chaux**. Son travail avançait rapidement, mais il **atteignit** un secteur **rongé** par le **salpêtre**, amalgamant les couleurs ennemies en un **crépi friable**, **grisâtre** et **poussiéreux** sur lequel il ne pouvait plus agir. Dans ce territoire ainsi neutralisé, il n'y avait ni avance ni recul ; ni vainqueur ni vaincu. Comment, se disait Max, peut-on n'être ni malade ni **bien portant** ? Après s'être cassé l'ongle de l'index, il renonça et se préoccupa du plafond où des **fentes** circulaient, se croisaient et se perdaient comme des rivières vaincues par la **sécheresse** et l'hostilité du climat.

Sans qu'il s'en rendît compte, les autres avaient successivement été appelés dans le bureau. À leur sortie, les travestis lui annoncèrent qu'ils allaient **porter plainte : il aurait bientôt de leurs nouvelles**. **Bras dessus, bras dessous**, ils quittèrent la pièce dignement. Max était le dernier.

La fille demanda à aller aux toilettes. L'ivrogne ouvrit un œil et **s'en mêla** :

– La laissez pas faire, **Monsieur l'agent**, elle a pas besoin. J' les connais, ces **salopes : elle veut s' toucher** !

L'agent **haussa les épaules** et lui ouvrit la porte avec son **trousseau de clefs**. En repassant devant Max, elle réclama une cigarette qu'il n'avait pas, et l'attente continua.

Une heure plus tard (ou deux ? Qui aurait pu le dire : Max ne portait pas de montre et aucune **pendule** n'était visible), le commissaire parut, et l'invita enfin à le suivre. Son bureau était presque **accueillant** ; il y faisait chaud. Par la fenêtre – la salle d'attente, elle, n'en avait pas –, Max vit que le jour était **levé**. Il prit place en face de lui. Son **interlocuteur** avait une cinquantaine d'années, les cheveux gris, **en brosse**, les **traits tirés. Quelconque**, à peine hostile. Il consulta la carte d'identité de Max et **ôta** ses lunettes.

– Alors, Monsieur, dit-il. Si vous me racontiez à présent **ce que vous foutiez** dans ce **bordel** ?

Max y était disposé, mais que pouvait-il expliquer ?

Solana et Alban ? Fredo, Lady Popo ?... La maison d'Alban, cet

oisive jeunesse carefree youth
conscience awareness
ne tenait pas debout made no sense

nom d'artiste stage name
Vous avez curieuses fréquentations You keep strange company
boîte nightclub
Je m'en fous I don't give a damn
ordre public peace
bagarres fights
histoires de mineurs issues of catering to minors
je n'y tiens pas du tout I have no use for them at all

salopard de chien bastard dog
a failli m'avoir almost got me
À qui appartenait-il ? Who(m) did he belong to?

imprévisible *here:* unforeseeable

été magique sur les bords du fleuve ? L'Hispano, une statue, le corps d'Isabelle, l'**oisive jeunesse**, l'enfer, le paradis, la terrible blancheur des îles ? Non, rien, vraiment rien. Il prenait **conscience** avec effroi qu'il avait vécu, à côté de sa vie, une histoire qui **ne tenait pas debout**. On lui demandait de se justifier, d'expliquer. Or il ne s'était rien passé. Alban était mort. Fallait-il appeler cela un fait ? Ah, si au moins ils n'avaient pas, tous les protagonistes de ce drame, portés de tels noms ! Il se rappela ce que Solana lui avait dit à ce sujet, quelques heures plus tôt. Les mots, les noms, avaient-ils vraiment un aussi fabuleux pouvoir ? Lui-même, était-il Max ou Vincent ? Cela changeait-il quelque chose à sa vie ? De nouveau, la peur le submergea.

– J'attends, reprit le policier.

– Je suis venu hier soir pour la première fois dans cet endroit, Monsieur. Enfin, ce n'est pas exact, j'y étais déjà venu, il y a deux ou trois ans, mais c'était complètement différent. Même le nom : Le *Vieux-Loup*…

– Je sais, je sais. Continuez.

– J'ai accompagné le chanteur : Alban… Son **nom d'artiste** sans doute. Je voulais revoir une amie qui travaillait là.

– **Vous avez de curieuses fréquentations**. Vous n'êtes tout de même pas stupide au point d'ignorer ce qui se passe dans cette **boîte** ? **Je m'en fous** des gens, du moment qu'ils ne perturbent pas l'**ordre public**. Mais la drogue, les **bagarres**, les **histoires de mineurs**, je n'en veux pas. Et les cadavres qui ne sont pas chez eux ou à l'hôpital, **je n'y tiens pas du tout**.

Il montra sa main bandée.

– Ce **salopard de chien a failli m'avoir. À qui appartenait-il ?**

– Mais, à Alban… au mort. Je n'avais rien remarqué de bizarre dans son comportement, jusqu'à cette nuit. Un bon chien de garde, voilà tout.

– Ainsi, c'était **imprévisible**, selon vous ? Vous n'êtes pas difficile ! Vous étiez absent quand ce chien est devenu subitement fou. Peut-on savoir où vous vous trouviez ?

Max lui dit qu'il avait quitté *Les Bacchantes* en compagnie de

canif à plusieurs lames Swiss army knife
tachée de rouille rusted in places
feindre feign
égorgé attacked at the throat
déchiqueté savaged, torn to pieces
Indiscutable No argument
nuque nape, back of the neck
morsure bite
coup de couteau stab wound
ne vous affolez pas don't panic
en cause a suspect
enquête investigation
convoqué called in
putain de boîte crappy night club
fermée shut down
tels ennuis these kinds of problems
R.A.S. = *rien à signaler:* nothing to report
avec les gens de votre milieu with your own kind
flics cops
voyous hoodlums
Vous n'avez pas l'air frais You don't look so good

main valide good hand
joues cheeks
Me raser Shave
gosses kids

pas grand monde not many people
pauvre mec poor guy
sépulture burial

en disposer come get it (body)
quand même nevertheless

cette amie et d'une autre femme, et passé trois quarts d'heure avec l'une d'elles dans un café sur la place, en haut de la rue. Le commissaire ouvrit le tiroir de sa table et en sortit un **canif à plusieurs lames**, dont une était visible, **tachée de rouille**.

– Vous le reconnaissez ?

Max n'eut pas à **feindre** la surprise : il n'avait jamais vu cet objet.

– Mes hommes l'ont ramassé près du corps, reprit l'autre. Ce n'est pas de la rouille, c'est du sang. Curieux ! Votre ami a été **égorgé** et même **déchiqueté** par son chien. **Indiscutable**. Mais il porte aussi une blessure à la **nuque**. Ce n'est pas une **morsure**, mais un **coup de couteau**. Et voici très probablement l'arme… (il eut pour la première fois de son interrogatoire un vague sourire). Allons, **ne vous affolez pas**. Vous n'êtes pas **en cause**. Plusieurs témoins ont confirmé que vous étiez parti avant. La police est bien faite. Il y aura une **enquête** évidemment et vous serez peut-être **convoqué**. Je dis : peut-être… Et cette **putain de boîte** sera enfin **fermée**. Quant à vous, jeune homme, surveillez vos fréquentations à l'avenir et vous éviterez de **tels ennuis**. La gendarmerie m'a transmis votre dossier : **R.A.S.** Je vous le disais ; nous connaissons notre métier. Mais rappelez-vous mon conseil : restez **avec les gens de votre milieu**. La nuit, de toute façon, c'est pour les **flics** et les **voyous**. Pas pour les autres, qui feraient bien mieux de la passer dans leurs lits. Allez vous coucher maintenant. **Vous n'avez pas l'air frais**.

Il passa sa **main valide** sur ses **joues**.

– Moi aussi, je rentre. **Me raser** et dormir… Eh oui, même les flics ont une maison, une femme et des **gosses**.

Il se leva et accompagna Max jusqu'à la porte.

– Voici vos papiers… Au fait, le corps est à la morgue. J'ai l'impression qu'il n'avait **pas grand monde** dans sa vie, ce **pauvre mec**. Qui se chargera de la **sépulture** ? Vous ?

Max inclina la tête.

– Vous pouvez **en disposer** dès demain. N'oubliez pas, Noël est dans trois jours. Réglez ces formalités avant. Joyeux Noël **quand même** !

ronflait was snoring
mailles *here:* holes

plombé heavy
veille night before
aboutissait led
square small public garden
avisa spotted
aimable clientèle valued customers
provisoirement temporarily
pour travaux for renovation
essuie-glace windshield wiper
contravention de stationnement parking ticket
habitacle arrière rear passenger compartment
plafonnier ceiling light
banquette seat
soie grège raw silk
obstruaient blocked
flacons bottles
encadrements de portes door frames
coffret jewelry box
en ronce de noyer in burled walnut
moquette usagée worn carpeting
mallette small suitcase
aux Puces at the flea market
éventuel probable
vilaine nasty
linge dirty clothes
trousse de toilette dopp kit, toiletry case
pauvrement garnie poorly fitted out
écolier pensionnaire boarding-school boy
dépouillement austerity
affaires personal belongings
s'encombrent accumulate

brindilles twigs
pierrailles loose stones
informes shapeless

Max s'immobilisa un instant devant les cellules. L'ivrogne **ronflait**. La fille au manteau blanc était debout, les doigts passés dans les **mailles** du grillage. Elle n'avait pas l'air triste. Comme l'avait écrit Solana : « Le chagrin, c'est pour les vivants. »

– Au revoir, lui dit-il, très bas.

La ville, sous un ciel **plombé**, annonciateur de neige, n'avait pas changé depuis la **veille**, ce qui le surprit quasiment. La rue du commissariat **aboutissait** à un **square**. Il hésita devant, puis changea d'idée. Il n'avait pas sommeil, mais faim, et entra dans le premier restaurant qu'il **avisa**.

Il repassa dans l'après-midi par la rue du *Vieux-Loup*. À la porte du bar, une simple carte de visite retournée informait l'**aimable clientèle** que l'établissement était **provisoirement** fermé **pour travaux**. L'Hispano était toujours là avec, sous l'**essuie-glace**, une banale **contravention de stationnement**. Max en fit le tour et, pour la première fois, pénétra dans l'**habitacle arrière**. Le **plafonnier** éclaira le velours brun de la **banquette**, les rideaux de **soie grège** qui **obstruaient** à volonté les vitres, les **flacons**, les **encadrements de portes** et le **coffret en ronce de noyer**. Au sol, sur la **moquette usagée**, se trouvait une ancienne **mallette**, comme celles qu'on peut encore acheter **aux Puces**, plus lourde elle-même que son **éventuel** contenu. Il ouvrit la mallette en ayant le sentiment de commettre une **vilaine** indiscrétion. Un peu de **linge** seulement s'y trouvait. Pas un objet qui permît une identification. Et dans le coffret, ainsi qu'Alban le lui avait dit, sa **trousse de toilette**, aussi **pauvrement garnie** que celle d'un **écolier pensionnaire**.

Le chagrin descendit en lui : comment avait-il pu ignorer l'extrême **dépouillement** de son ami ? Où donc étaient ses **affaires**, ses biens ? Les centaines, les milliers de choses, d'objets et de souvenirs dont **s'encombrent** les êtres humains, pareils en cela à ces minuscules animaux aquatiques qui protègent leur nudité rose sous un bric-à-brac de **brindilles**, d'algues, de **pierrailles** et de débris **informes** ? En fait, Alban n'avait rien possédé. Il avait été, il était encore. Il était sa propre voix, son rire, ses sentiments qui **se**

129

se bousculaient   jostled each other
courronnant   crowning
sans fond   bottomless

relevé   *here:* reacted to
propos méprisants   disparaging remarks
s'en tirer…à bon compte   get off lightly
se prêter   lend itself
enterrement   burial
S'installant au volant   Settling in behind the steering wheel
conduite   driven
obéissait à ses doigts   *literally:* obeyed his fingers
roula le long des rues   drove along streets
établissement de pompes funèbres   funeral home
Marron   brown
vissé   screwed
bottines   ankle boots
entremetteur   mediator
démarches   procedures
cercueil   coffin
à poignées d'argent   with silver handles
corbillard   hearse
devise   motto

prévenir   notify
moyennant   in exchange for

cher défunt   dearly departed
en éprouva   experienced
vive inquiétude   acute concern
formulaire   form *(to fill out)*
cochant   checking off
cases   boxes

lauriers   laurels

bousculaient en cascades joyeuses. Et puis, à d'autres moments, ses sombres pensées, forêt de sapins noirs, austère et secrète, **couronnant** le lac **sans fond** de son destin. Alban-Miroir, mais aussi : Alban-Exemplaire.

Le remords succéda au chagrin : il avait abandonné Alban dans l'égoïste espoir de récupérer Solana. Il n'avait pas **relevé** avec indignation les **propos méprisants** du commissaire, trop heureux de **s'en tirer personnellement à bon compte**. Il avait, il avait… Ah, il n'était rien, Max ! L'heure ne pouvait **se prêter** très longtemps à de telles considérations. Offrir à Alban un somptueux **enterrement** constituait un début de réparation. Cette pensée le remplit d'énergie. **S'installant au volant** de la voiture qu'il n'avait jamais **conduite**, étonné de voir avec quelle docilité la lourde mécanique **obéissait à ses doigts**, il **roula le long des rues** et des boulevards, à la recherche d'un **établissement de pompes funèbres**.

Marron de la tête aux pieds, depuis le chapeau **vissé** sur son crâne jusqu'à ses **bottines** pointues, l'employé des pompes funèbres avait l'obséquiosité d'un **entremetteur**. L'un et l'autre sont coûteux et nécessaires. Il assura Max qu'il prenait l'affaire en mains de A à Z : les **démarches** auprès de la police et de la morgue, le choix d'un luxueux **cercueil** (**à poignées d'argent**), le plus beau **corbillard** : une Cadillac. « Le regret dans le confort, c'est notre **devise** », répétait-il en levant très haut son index. Il se chargeait aussi de **prévenir** la famille et les journaux, **moyennant** un très petit supplément.

– Quelle famille ? demanda Max.

– Mais, celle du **cher défunt** !

– Il n'en avait pas. Je suis son seul ami.

L'autre **en éprouva** une **vive inquiétude** : qui le payerait ? Max l'ayant rassuré, il alla chercher dans une pièce voisine un **formulaire** qu'il remplit en **cochant** une succession de **cases**.

– Et pour les fleurs ? dit-il.

– Des **lauriers**. À petites feuilles. Ceux qui ont des fleurs blanches.

– Pas de roses, pas de camélias ? C'est plus gai.

Le cimetière serait russe The cemetery would be Russian. One is strongly reminded of Sainte-Geneviève-des-Bois and its Russian cemetery.

On se serait cru dans You'd have thought you were in
prévint warned
ménagement consideration

grande banlieue far suburbs
balaya dismissed
qui lui tenait à cœur dear to his heart
pleureuses [hired] mourners
air effaré bewildered look

à défaut de in the absence of

à la rigueur if need be
et encore if that
dont dépend belongs to
fanfare band

valser waltz

carnet de chèques checkbook
Sur le pas de la porte On the doorstep
bouche bée gaping, open-mouthed
légères slight

À nos frais At our expense

– Non. Des lauriers blancs.

Le vendeur concéda, puis reprit :

– Venons-en à l'essentiel : l'église ? le cimetière ?

Max expliqua que l'église n'était pas nécessaire, puisqu'Alban n'avait pas de religion particulière. **Le cimetière serait russe.** Il y en avait un à proximité de la ville. Max ne le connaissait pas, mais Alban en avait parlé un jour en lui apprenant que la vieille Olga, morte elle aussi, y était enterrée. « C'est un très beau cimetière, avait-il dit. Après la cérémonie, j'ai passé plus d'une heure à me promener entre les tombes… Une litanie de noms russes ! **On se serait cru dans** un roman de Tolstoï. » Son interlocuteur le **prévint** avec **ménagement** :

– Je vois très bien où se situe ce cimetière. Mais il y aura un supplément. Je serai obligé de vous appliquer le tarif « **grande banlieue** ».

Max **balaya** l'objection et revint à une idée qui lui tenait à cœur :

– Vous n'avez pas des **pleureuses** ?

Devant son **air effaré**, il précisa :

– La mort est parfois une tragédie : il faut des pleureuses, **à défaut de** famille. D'ailleurs, elles pleurent mieux. Nous en avions autrefois dans mon village.

– Ici, c'est impossible, mon cher Monsieur ! Des musiciens **à la rigueur… et encore.** Où les trouver ? À moins, dit-il, soudain illuminé par sa présence d'esprit, que la commune **dont dépend** votre cimetière ne possède une **fanfare** municipale.

Max pensa à l'orchestre des *Bacchantes* qui les avait fait **valser** au mariage d'Alban. Mais qu'était-il devenu ? C'était sans espoir. Il signa le formulaire et sortit son **carnet de chèques. Sur le pas de la porte**, l'employé des pompes funèbres le salua en soulevant enfin son chapeau et resta **bouche bée** devant l'Hispano, se demandant si elle était assez longue pour qu'on pût avec de **légères** modifications y loger un cercueil.

– Quelle voiture ! s'exclama-t-il. Vous la prendrez pour l'enterrement, n'est-ce pas ? Mon Dieu, si cela peut vous être agréable, nous la décorerons. **À nos frais !**

lendemain next day

bavards talkative

nulle part nowhere

prévenir notify
joindre reach
désormais élu pour domicile henceforth made their home

chargé loaded
croque-morts pallbearers
comme il se doit as is proper
ôtèrent took off
casquettes caps
si l'on se fiait if you had to go by
galon d'argent silver stripe
souliers shoes
portefeuille wallet
effets personal effects
récépissé receipt
en lambeaux in shreds
inserviables of no use
lacets shoelaces
passé au cirage waxed
montât walk along
brave nice

grand-route highway
bouchon cap (on the radiator)
cigogne stork
couronne wreath, crown

– Non, fit Max. Ce n'est pas indispensable.

Ils avaient fixé leur rendez-vous pour le **lendemain**, un peu avant trois heures, devant la morgue.

Max laissa la voiture près de son hôtel. Il dormit un peu, puis ressortit au milieu de la nuit et se promena au hasard sous la neige qui commençait à tomber. La fièvre de Noël agitait les magasins, malgré l'heure tardive. Les vendeuses de légumes et les bouchers **bavards** passaient et repassaient à côté de lui dans le bistrot, près d'un marché, où il s'était réfugié, lisant les journaux qui ne parlaient **nulle part** de la mort d'Alban.

« C'est trop tôt, se dit-il. On en parlera dans vingt ans, dans trente ans peut-être. » Fallait-il **prévenir** Solana et même Isabelle ? Il ne pouvait les **joindre**, de toute façon, dans ce purgatoire qu'elles avaient **désormais élu pour domicile**.

Le cercueil d'Alban fut **chargé** dans la Cadillac noire. Les **croque-morts**, au nombre de quatre, **comme il se doit**, ôtèrent leurs **casquettes**. Le responsable, **si l'on se fiait** au **galon d'argent** qui ornait les épaulettes de son uniforme, s'approcha de Max et lui remit une paire de **souliers** et un **portefeuille**.

– Ce sont, dit-il, les seuls **effets** du défunt. Voici le **récépissé**. Il paraît que ses vêtements étaient **en lambeaux, inservables**.

En prenant la paire de souliers, Max vit qu'un des **lacets** n'était qu'un morceau de ficelle **passé au cirage**. Le portefeuille contenait une carte d'identité, les papiers de la voiture et quelques billets de banque. Après que Max eut déposé ces reliques sur la banquette de l'Hispano, l'homme au galon ajouta : « Je suis désolé, mais nous n'avons pu prendre contact avec la fanfare de la commune. » Il lui proposa enfin qu'un de ses acolytes **montât** à côté de lui, pour qu'il se sentît moins seul. Max accepta. C'était un **brave** homme du nom d'Ignacio qui en profita pour lui raconter sa vie.

Sur la **grand-route**, les deux voitures continuèrent de rouler à une vingtaine de mètres l'une de l'autre. Le **bouchon** du radiateur de l'Hispano, la glorieuse **cigogne** aux ailes abaissées, s'inscrivait en perspective au centre exact de la **couronne** de lauriers accrochée

allure   speed

corridas   *Spanish:* bullfighting
paisible   peaceful
tapis   carpet
fossoyeur   grave digger
glissa   slid

vous serrez la main   shake your hand
de beaucoup   by far
marmonnait   muttered
Marron d'Inde   horse chestnut, here just a nonsense syllable
assourdis   deafened
deuil   mourning
attendrissement   pity

déchiffrant   deciphering
emplissait   filled in

ramena   brought back
écurie à chevaux   horse stable
harnais   harnesses
rouillés   rusted
faneuse   tedder, a machine for spreading hay so it can dry
bottelait les foins   made haystacks
sitôt fauchés   immediately after cutting
pneus   tires
se dégonflèrent   went flat
proie des mites   prey of moths
rouges-gorges   robins
nichait   nested
boîte à gants   glove compartment

derrière le corbillard, et Max prit soin de régler son **allure** sur celle de la Cadillac, afin qu'elle n'en sortît pas.

Lorsqu'ils arrivèrent au cimetière, Ignacio consulta sa montre : « Quatre heures de l'après-midi. La plus belle heure de la journée pour un amateur de **corridas** ! » L'endroit était tel que l'avait décrit Alban : **paisible**, sous son tapis de neige et le ciel qui était redevenu bleu. Le **fossoyeur** les attendait. Alban **glissa** dans le trou. Comme Max restait immobile, Ignacio lui toucha l'épaule.

– Mettez-vous un peu plus loin, dit-il. Il n'y a pas de famille pour les condoléances. Alors, si vous le voulez bien, mes camarades et moi, nous allons **vous serrer la main**. Ce sera plus correct.

Lui qui, jusque-là, avait **de beaucoup** préféré les enterrements aux mariages se souvint qu'à la mort de ses vieilles tantes il **marmonnait** entre les dents : « **Marron d'Inde**, Marron d'Inde » et que les survivants auxquels il s'adressait ainsi, **assourdis** par le **deuil**, l'embrassaient avec **attendrissement**. Les croque-morts s'inclinèrent à nouveau et le laissèrent à sa méditation. Il fit le tour du cimetière, **déchiffrant** les noms sur de modestes croix, puis revint devant la tombe que le fossoyeur **emplissait** de terre. En anglais, car il lui arrivait de parler cette langue lorsqu'il avait le cœur triste, il dit en regardant la couronne de lauriers à demi recouverte : « *And now, my friend, and now and then, you shall swim alone in the deep waters of love.* »

*
* *

Max **ramena** dans sa propriété, par petites étapes, l'Hispano fidèle. Il lui trouva une place au fond d'une ancienne **écurie à chevaux**, parmi les **harnais** et les outils **rouillés**, près de la **faneuse**, également inutile depuis qu'on **bottelait les foins sitôt fauchés**. Les **pneus se dégonflèrent** peu à peu et le velours de la banquette devint la **proie des mites**. Chaque printemps, un couple de **rouges-gorges nichait** dans la **boîte à gants**. Les enfants du voisinage venaient la voir en secret. Mais, aux premiers jours de l'automne, le fermier ouvrait tout grand les deux portes pour faire sécher sa

récolte harvest
fils de fer wires

verger orchard
frelons hornets
disputaient fought over
vanesses vanessas, butterflies
chair éclatée *here:* ripe fruit pulp
grosses poires large pears
peupliers poplars
abritait sheltered
happait snapped up

se déroulait unfolded

vie d'emprunt false life

gens de son « milieu » people of his own social rank

échec de la réussite failure of success

interroger question

conseils d'administration boards of directors
siégeait sat
leur aspect their look
il avait fini par épouser he ended up marrying

profil songeur pose like Rodin's *Thinker*

trichait cheated
la sienne his own (life)
se souciait worried

récolte de tabac sur les **fils de fer** tendus d'un mur à l'autre, et la lumière et les mouches envahissaient le local.

C'était la saison que Max préférait. Quand il arrivait de son bureau en fin d'après-midi, content d'échapper aux bruits de la ville, il allait se promener dans le **verger**, sans prendre la peine de déposer ses affaires à la maison et le plus court était de passer par l'écurie. Le verger clos gardait une chaleur succulente. Les **frelons** y **disputaient** aux **vanesses** la **chair éclatée** des **grosses poires**. Derrière son mur, les **peupliers** jaunissants formaient un rideau qui l'**abritait** du vent du nord et leurs feuilles tombaient à intervalles réguliers, qu'un oiseau **happait** au vol parfois, les prenant pour des insectes.

Sa vie, au lieu d'être le fruit de sa seule imagination, **se déroulait** telle qu'il l'avait voulue, mais c'était en quelque sorte une **vie d'emprunt**. Il était resté, comme le lui avait conseillé le commissaire de police à l'époque lointaine de la mort d'Alban, avec les **gens de son « milieu »**, de leur côté de cette élastique barrière qui sépare moins les bons des méchants qu'elle n'isole les poètes des gens ordinaires, et l'**échec de la réussite**. Il ne souffrait plus de cette angoisse qui fermente au cœur de l'espoir, et le passé ressemblait trop au bonheur pour qu'il se risquât à **interroger** sa mémoire. L'indifférence est le prix à payer. Max avait payé. Une vie réussie est un jeu de patience : on y joue seul et cela prend beaucoup de temps. Max retournait ses cartes avec prudence. Au milieu des chiffres qui symbolisaient son compte en banque et le nombre des **conseils d'administration** où il **siégeait**, quelques figures apparaissaient. Elles avaient la même fixité dans le regard et de les faire pivoter en les déplaçant ne changeait rien à **leur aspect**. La cousine qu'**il avait fini par épouser**, et dont les cheveux devenaient gris, s'appelait-elle Pallas ou bien Rachel ? Lui-même ? Il hésitait entre Lahire au cœur sec et l'autre Valet, Hector, qui montre un **profil songeur**. Il ne serait jamais Roi, puisqu'il ne portait pas la barbe. Quand le jeu se bloquait, Max **trichait** un peu et la vie reprenait son cours. Partager **la sienne** avec des gens dont il **se souciait** si peu constituait une tricherie plus grave, à laquelle il s'était pourtant résigné.

se méfièrent distrusted
davantage even more

gênant troublesome

puissamment powerfully
écorchures scars
Il lui consacrait He devoted to it (music)

vaisseaux à la dérive vessels adrift
dépourvu devoid

déchiffrer sight read (notes)

devinée *here:* imaginable

douleurs pains
survinrent appeared
l'étonnèrent tout à fait completely surprised him

le soignait cared for him
compagne attitrée personal companion
tantôt sometimes
lambeaux strips
l'un d'eux one of them *(planes in the sky)*
bruissant teaming
dessèchement drying up
prendre congé take leave
tambour déréglé irregular drumbeat
batterie drums, percussion

Au fil des années (ce n'étaient pas tant les années qui passaient, mais les saisons), il baissa sa garde, et les autres – les siens – **se méfièrent davantage**. Cependant le doute continuait de plaider en sa faveur et il jouissait de l'estime générale, car les honnêtes gens n'avouent pas facilement qu'ils se sont trompés sur leurs semblables. Donner sa caution morale est moins **gênant** que prêter son argent.

Max n'avait pas eu d'enfants.

La musique l'aidait **puissamment** à supporter les contradictions, les fines **écorchures** qui marquaient son existence sous une apparente cohésion. **Il lui consacrait** des heures de plus en plus nombreuses. Tant de faits disparates, de lieux, de mots et de visages, isolés les uns des autres comme autant de **vaisseaux à la dérive** dans un espace **dépourvu** d'horloges, retrouvaient ainsi leur contexte et leur raison d'être par la grâce des sons et des rythmes. Mais, parce qu'il n'était qu'un amateur et ne savait pas plus **déchiffrer** les notes qu'il ne pouvait interpréter le langage des hommes, la musique et l'amour demeuraient une terre promise, aussi proche et **devinée** qu'inaccessible. Du moins ne souffrait-il pas de son corps, vieux serviteur irréprochable.

Un jour pourtant, les premières **douleurs survinrent**, qui **l'étonnèrent tout à fait** : elles avaient la violence et la force syncopée du jazz. Son médecin lui ayant interdit les escaliers, il fit transporter son lit dans la bibliothèque du rez-de-chaussée et, plus que sa femme qui **le soignait** avec un zèle poli, la maladie devint sa **compagne attitrée**. Assis après le déjeuner devant l'écran de sa fenêtre, il regardait, sans se lasser du spectacle, le ciel d'hiver, **tantôt** lourd de neige, tantôt d'un bleu léger, où flottaient, comme des **lambeaux** de soie blanche, les traces des avions disparus. Il aurait bien voulu que **l'un d'eux** l'emportât jusque dans les déserts, brûlants et **bruissant** d'insectes : la mort par **dessèchement** lui semblait une façon tellement plus discrète et courtoise d'y **prendre congé** des vivants.

La dernière nuit arriva plus tôt qu'il ne l'attendait : le **tambour déréglé** de son cœur avait les accents froids d'un solo de **batterie**… Où donc étaient les tendres clarinettes, les trompettes chaleureuses et l'allègre piano ? À demi couché dans son lit, la tête enfoncée dans

passait was showing

les oreillers, cherchant en vain à mettre de l'ordre dans ses souvenirs, il ne regardait déjà plus la télévision qui **passait** un vieux film.

brûlant végétal burning leaves/underbrush
cimes tree tops
élancées soaring
cachant à demi halfway hiding
vêtu dressed
à même la peau hugging his skin
en lin made of linen
poussière dust
environné surrounded
crissement screech
cigales cicadas
portique orné de portico adorned with
aboutissement end point
jonchant strewn
jaillissait was gushing
ruisseaux d'oliviers streams of olive trees
dévalaient were hurtling down
coiffée topped

Quatre

*É*TRANGE ÉTAIT LE LIEU où Max se réveilla.

Combien de temps avait-il dormi contre ce gigantesque cyprès, le premier d'une interminable allée de ces arbres d'un vert presque noir, exhalant une odeur de résine et de **brûlant végétal**, et leurs **cimes** étaient si **élancées** qu'elles se rejoignaient, **cachant à demi** le ciel immaculé ? Il se demandait pourquoi il était **vêtu, à même la peau**, d'une tunique **en lin**, avec à ses pieds de simples sandales, pendant qu'il marchait sur la fine **poussière, environné** par le **crissement** des **cigales**.

La réponse à ces questions se trouvait peut-être au bout du sévère chemin. Là, précisément, sous ce **portique orné de** deux colonnes, qui en était l'**aboutissement**. Devant lui se déploya un champ de pierres blanches, **jonchant** le sol dans un désordre apparent. L'eau **jaillissait** de multiples fontaines. Vers le sud, à en juger par la position du soleil, des **ruisseaux d'oliviers dévalaient** jusqu'à la mer, tandis que du côté opposé s'élevait une haute montagne **coiffée** de neige. Le vieillard qui se tenait près de lui portait aussi une tunique.

— Je suis votre guide, dit-il d'une voix curieusement métallique, mon nom est Sun.

— D'où venez-vous ? demanda Max.

— Peu importe. J'ai longtemps vécu dans votre pays. C'est la raison pour laquelle Alban m'a prié de vous accueillir.

— Je verrai Alban !

épreuves tests
Je m'efforcerai I'll try hard
hâtons-nous let's hurry
échecs chess
interloqué disconcerted
en trottinant trotting
âme qui vive living soul
oranger orange tree
cueillit picked

nourriture food

s'enfonçait sank
marches steps
bifurquait split
se heurtait de front collided
paroi wall

surgissaient suddenly appeared

lueur light
éclaira illuminated
dédale maze
grimpa climbed
volée flight (of stairs)
bénit blessed
sentiers paths
buis boxwood

emprunter *here:* go through

– Mais oui, mais oui. Et bien d'autres merveilles et même notre Dieu Zog. Ne vous agitez pas. Vous n'êtes pas prêt : il vous faut encore subir quelques **épreuves**. **Je m'efforcerai** de vous les faciliter. Alban a beaucoup insisté. Venez, **hâtons-nous**… Avez-vous déjà joué aux **échecs** ?

– Souvent, dit Max, **interloqué**.

– Tant mieux. C'est indispensable.

Il le suivit **en trottinant**, tellement l'autre allait vite malgré son grand âge. Ils traversèrent l'espace de pierres sans rencontrer **âme qui vive** et s'arrêtèrent au pied d'un **oranger**. Sun **cueillit** une orange et la lui donna.

– Prenez. Gardez-la précieusement ; ce sera votre seule **nourriture** pour les prochaines heures.

À proximité d'une des fontaines, sans que rien n'indiquât à l'avance son emplacement, un escalier **s'enfonçait** dans le sol. Il dit à Max de descendre le premier en se tenant aux murs et qu'il ne le quittait pas. Max compta une trentaine de **marches**. Il suivit un corridor étroit, complètement obscur, qui **bifurquait** à chaque instant. Parfois il **se heurtait de front** à une **paroi** et, réalisant qu'il était dans un cul-de-sac, faisait demi-tour. Il rencontra de nouvelles marches, montantes ou descendantes ; d'autres couloirs **surgissaient**.

– C'est un labyrinthe ! s'écria-t-il.

– Évidemment, reprit derrière lui la voix métallique. Allez ! Allez !

Une faible **lueur éclaira** ce **dédale**. Max **grimpa** une **volée** de marches et **bénit** l'éblouissante lumière qui l'enveloppait. Dehors, Sun attendait.

– Comment avez-vous fait ?

– Je précède toujours l'événement.

Ils étaient dans un jardin dont les **sentiers** plantés de **buis** et de lauriers blancs formait un deuxième labyrinthe. « Reposez-vous », dit Sun, en lui désignant un banc de pierre. Il ajouta que ces labyrinthes étaient de deux espèces : végétale et aérienne, minérale et souterraine ; qu'il fallait pour en sortir les **emprunter** successivement, car ils étaient, comme la lumière et les ténèbres,

œuf dur hard-boiled egg
ôta peeled
coquille shell

cabine booth

d'après Minuit of Past Midnight
reprit son parcours resumed his course
taillées au cordeau perfectly straight
déboucha came out
balustres balusters
dalles slabs
échiquier chess board
anneau ring
surmontait topped
au sort randomly

aux deux bouts at either end
gradins tiers
crochet hook
se déplacer soi-même to move oneself

sacrifiée forfeited
partie round
déchirait was shredding
ils en restèrent they limited
aux escarmouches to skirmishes
pions *chess:* pawns
fou *chess:* bishop
cavalier *chess:* knight
pelouse lawn
dégarnir clear
double échec double check
dame *chess:* queen
tour *chess:* rook
contrer counter

complémentaires. Il prit dans une poche intérieure de sa tunique un **œuf dur** dont il **ôta** la **coquille** avec un calme imperturbable.

– J'adore, fit-il en souriant à Max, les œufs durs... Je me souviens très bien de vous : vous étiez un habitué de ce café où je passais mes nuits. Je m'asseyais toujours au même endroit, près de la **cabine** téléphonique. Je mangeais mes œufs durs, et je vous voyais passer avec vos amoureuses, mais vous ne m'avez jamais regardé. On m'appelait alors « Le Vieux **d'après Minuit** ».

Suivi de Sun, il **reprit son parcours**, tantôt le long des allées **taillées au cordeau**, tantôt sous terre. Par un escalier circulaire, il **déboucha** enfin sur une terrasse entourée de **balustres**. Des **dalles** noires et blanches formaient en son centre un vaste **échiquier** avec les différentes pièces du jeu alignées dans l'ordre du départ sur les deux premières lignes. À part leur taille considérable et l'**anneau** qui les **surmontait**, elles étaient de forme usuelle.

– Ne tirons pas les couleurs **au sort**, lui dit Sun. Le hasard n'existe pas. Je vous offre l'avantage des Blancs.

Ils prirent place **aux deux bouts** de l'échiquier sur des **gradins** et le vieillard montra à Max comment se servir de la longue perche fixée dans le sol à côté de lui, dont le **crochet** terminal permettait de soulever les pièces sans avoir à **se déplacer soi-même** pour les bouger (car elles étaient faites d'un matériau translucide qui les rendait incroyablement légères). Sun le prévint aussi que toute pièce tombée au cours de son transport d'une case à l'autre, ou qui provoquait la chute d'une figure rivale, était **sacrifiée**.

La **partie** commença. Quand ce n'était pas à lui de jouer, Max, du haut de son observatoire, regardait la mer lointaine, soie bleue que le vent de l'après-midi **déchirait**. Pendant plus d'une heure, **ils en restèrent aux escarmouches**. Quelques **pions** avaient disparu, un **fou** d'un côté, un **cavalier** de l'autre, délicatement soulevés du jeu et déposés sur la **pelouse** qui entourait l'échiquier. Puis Max, absorbé par une brillante offensive au cœur de l'armée noire, eut l'imprudence de **dégarnir** son aile gauche et Sun porta un **double échec** à sa **dame** et à la **tour** isolée. Il tenta de le **contrer** grâce au fou.

– C'est votre cavalier que vous auriez dû jouer. Échec au roi par la dame. Votre tour est perdue.

tournaient en rond went round and round
déplaçant moving
heurter come up against
hétacombe slaughter
maladresse bad move

brume mist
voila veiled

pénible painful
rejoignez-moi meet me
échiquier chessboard
perche pole
coup sec sharp tap
case square (on a chessboard)
angle du jeu corner of the board
bascula tipped up
dégageant producing
envers flip side
pierre tombale tombstone
sans que manquât un seul de ceux-ci without a single one of
them missing
voûtée vaulted
accrochées suspended
lit à baldaquin four-poster bed
étendez-vous lie down

embrasure frame
issue outlet

battements beating
étouffait was choking

Il la perdit effectivement, mais reprit l'avantage. Leurs perches menaçantes se balançaient au-dessus du champ de bataille. Les pièces mortes s'accumulaient autour d'eux. Les adversaires échangèrent leurs dames. Ils possédaient alors une tour chacun, un cavalier, et un nombre à peu près équivalent de pions qui, en cette fin de partie, feraient tôt ou tard la différence. Les deux rois **tournaient en rond**.

Hélas, en **déplaçant** le sien, Max commit l'erreur fatale de **heurter** le roi noir et provoqua une **hécatombe** dans les deux camps. Sun se leva. « Vous avez perdu, dit-il. N'accusez pas le destin. C'était une **maladresse**. »

La **brume** qui montait de la mer **voila** le soleil.

– Et maintenant ? interrogea Max.

– Maintenant, je vous invite à revivre une dernière fois votre existence. Que d'erreurs n'avez-vous pas commises ! En vérité, c'est une **pénible** expérience à laquelle je dois vous soumettre… Descendez, et **rejoignez-moi** sur l'**échiquier**.

Il frappa avec la base de sa **perche** un **coup sec** sur une **case** à l'**angle du jeu** et toute la partie centrale **bascula**, **dégageant** un orifice qui conduisait sous terre. Max s'approcha et découvrit que l'**envers** de cette grande plaque ainsi soulevée était une **pierre tombale** sur laquelle étaient gravés son nom et ses prénoms (**sans que manquât un seul de ceux-ci**) et il apprit de cette façon le jour exact de sa mort.

Ils entrèrent au bas des marches, par une porte **voûtée**, dans une salle qu'éclairaient des lampes à huile **accrochées** aux murs. Un **lit à baldaquin** se trouvait là, qu'il reconnut aussitôt pour être le sien, celui de sa maison de campagne.

– Mangez l'orange, lui ordonna son guide, et quand vous l'aurez finie, **étendez-vous** sur votre lit. Je vous quitte. Le moment venu, je viendrai vous chercher.

Sun disparut dans l'**embrasure** de la porte. Max mangea l'orange et vit que cette chambre ne possédait pas d'**issue** : la porte avait disparu. Il se coucha. La peur était absente de ses pensées.

Il vécut d'abord son agonie. Elle était de plus en plus douloureuse. Les **battements** de son cœur s'accéléraient, il **étouffait**. Peu à peu,

chevet bedside

à l'envers backwards
à reculons going backwards
l'auscultait examined her

crises d'étouffement *here:* problems breathing/catching his
   breath
marche arrière reverse
ramenait took back

conçut *here:* had
fol espoir crazy hope

auréolée *here:* bathed (in)

écarter to push back
atteindre ses seins to reach her breasts
le firent made him

après ce qui lui sembla des heures, il parvint à ouvrir les yeux et regarda sans la reconnaître une femme aux cheveux gris qui lisait, assise à son **chevet**. « Mon ami, disait-elle, comment vous sentez-vous ? Réveillez-vous, réveillez-vous! »

Pourquoi tournait-elle les pages de son livre **à l'envers** ? Que se passait-il ? Voilà qu'elle s'était levée et sortait de la chambre **à reculons**… Un médecin **l'auscultait** d'un air sombre. Il parlait à la femme d'une série d'analyses qui laissaient peu d'espoir.

Les images se déroulaient sans suite. Il n'y avait aucun lien entre elles, si ce n'est à travers le sentiment d'une implacable et inexplicable évidence. Mais les **crises d'étouffement** avaient disparu. Il se portait mieux, de mieux en mieux. À présent, il dictait du courrier dans son bureau, conduisait sa voiture. Il s'étonna cependant de constater qu'elle roulait en **marche arrière**, le **ramenait** sans cesse de cette étrange façon du bureau à son garage, et qu'il ne faisait que revenir à reculons, lui aussi, du parc et du verger à sa chambre et enfin à son lit.

Les années galopaient à l'envers, peuplées de visages inconnus, d'incidents médiocres et de vague ennui. Il se retrouva dans le bureau du commissaire avant ? après ? la mort d'Alban et **conçut** le **fol espoir** d'arrêter le drame. Mais déjà il était avec Solana à la table du café, sur la place. Déjà ! Déjà !

Le bel été au bord du fleuve royal lui parut au contraire merveilleux et reposant, car tout s'y déroulait dans un calme tel qu'il confinait à l'immobilité, et il pouvait ainsi se balancer d'une jambe sur l'autre en contemplant Isabelle et Alban, sereins et statiques, sur la terrasse **auréolée** de soleil où l'odeur des roses qui montait du jardin était sans cesse plus pénétrante.

Déjà, il ne savait plus rien d'Alban. De bien jolies femmes passaient. L'une d'elles avait de si lourds et longs cheveux noirs qu'il devait les **écarter** pour **atteindre ses seins** ; ses yeux sombres **le firent** un instant pleurer d'émotion. Toutes le quittaient si vite ! À quoi sert-il d'aimer ?

Il parvint à son enfance et le rythme des visions se ralentit de nouveau comme les battements de son cœur. Il revit ses deux

pervenches periwinkles
fourrageait rummaged
cuivre cabossé beaten copper

tonnelle arbor

foule crowd
acclamait was cheering
vainqueurs winners
poussa let out

penché leaning
bienveillant benevolent

brisé wracked
courbatures aches
à flots in waves
en arc de cintre arched
caveau vault

niche niche *(statue)*
coupe cup

miel honey

évanouies vanished

grands-mères, écouta leurs voix cristallines. L'une avait des yeux bleus à rendre jalouses les **pervenches**, l'autre était aussi fragile et vive qu'un oiseau. Celle-ci **fourrageait** dans la cheminée, enterrant au milieu des cendres chaudes un pot de **cuivre cabossé**, plein d'un café qu'elle venait de verser dans de minuscules tasses… Ah ! les délicieux goûters sous la **tonnelle** avec la grand-mère aux yeux bleus ! Et si chaque gâteau sortait de sa bouche au lieu d'y pénétrer, il n'en savourait pas moins le plaisir du précédent.

Le monde se réduisit à quelques sensations : odeurs, chaleur, lait, bruits confus. Ombres et lumières. Lumière douloureuse, intolérable !

Alors que la **foule acclamait** sur le stade, au voisinage immédiat d'une élégante clinique, l'arrivée des **vainqueurs**, il **poussa** un grand cri.

*
* *

Sun était **penché** sur lui et le considérait d'un œil **bienveillant** :

– Je ne vous demanderai pas si vous avez bien dormi.

– J'ai crié ?

– En effet, quoi de plus normal.

Il regarda autour de lui, ne se souvenant de rien. Son corps était **brisé** par les **courbatures**. Il se leva péniblement et ferma les yeux en voyant la lumière entrer **à flots** par l'ouverture **en arc de cintre** au fond du **caveau**.

– Qui êtes-vous ? demanda-t-il à ce vieillard habillé de lin comme lui.

– Je suis celui qu'on appelle Sun, et vous êtes Vincent. Suivez-moi.

Ils sortirent dans une cour que le soleil au zénith illuminait. Devant eux une porte de bronze brillait autant qu'un miroir. Sun alla jusqu'à la **niche** où se trouvait une **coupe**. Il revint en la tenant avec précaution et la lui tendit :

– C'est délicieux. Plus doux que le **miel**.

Vincent absorba une substance de la couleur de l'ambre, ni solide ni liquide à proprement parler. Sa fatigue et ses douleurs s'étaient **évanouies**. Sun remit la coupe à sa place et frappa dans ses mains.

cloche bell
retentit rang
collines hills
sans étage single floor
éventaires stalls
pastèques watermelons
coulées flowing rivers
bataillons battalions
tissus bariolés multicolored fabrics
claquaient were snapping
fils en travers crisscrossing wires
haut-parleurs loudspeakers
teinte color
volubilis morning glories
pentes slopes
figuiers de barbarie wild fig trees
servaient de served as
séchoirs à linge clotheslines
étalages displays
s'agglutinaient congregated
seuil doorstep
parfumé de fragrant with
écume foam
goudron tar
ravis delighted
se disputaient vied for

sans l'avouer short of admitting it

ainsi qu'une cruche as well as a jug
répandait spread
confiture jam
éplucher peel

coquille shell
peau skin

Une **cloche retentit**, un vol d'oiseaux blancs passa sur leurs têtes et la porte s'ouvrit d'elle-même.

Deux villes bien distinctes occupaient les **collines** au pied de la grande montagne. Dans la ville basse, vers laquelle Sun et Vincent s'orientèrent, la plus vive animation régnait : le long des maisons **sans étage**, devant les grottes aux portes bleu marine qui transformaient le paysage en un énorme fromage de gruyère, les **éventaires** des marchands se succédaient. Ce n'était qu'avalanche de **pastèques**, **coulées** d'oranges et de citrons, **bataillons** de poteries, poivrons, oignons, tomates, **tissus bariolés** qui **claquaient** au vent, suspendus à des **fils en travers** des rues étroites. La musique était partout, mélange de flûtes et de tambourins, diffusée par des **haut-parleurs** dont la **teinte** mauve faisait penser à des fleurs de **volubilis**. Plus loin, sur les **pentes** arides où jouaient des enfants et des chiens, les **figuiers de barbarie servaient de séchoirs à linge.** Les gens circulaient entre les **étalages** et **s'agglutinaient** sur le **seuil** des tavernes. On devinait à leurs tuniques, leurs turbans et leurs voiles, mais aussi au vent, **parfumé d'écume** et de **goudron**, que ces habitants étaient du Sud et voisins de la mer.

Sun fit signe à Vincent d'entrer dans une de ces tavernes. Tous semblaient **ravis** de les voir. Certains même **se disputaient** l'honneur de les inviter à leur table.

– Ne vous étonnez pas, fit Sun. Ils adorent les étrangers. Ils s'ennuient un peu entre eux : leur bonheur est si monotone. Je crois que, **sans l'avouer**, ils regrettent parfois leurs anciens chagrins. Votre regard est triste encore ; cela vous rend très attractif.

On leur apporta du fromage mariné dans l'huile d'olive, avec des oignons, **ainsi qu'une cruche** de vin épais et noir qui **répandait** une odeur de **confiture**. Sun sortit un œuf de sa poche et se mit à l'**éplucher**, après quoi il s'attaqua aux oignons en déclarant à Vincent que l'unique supériorité de l'oignon sur l'œuf tenait au fait qu'en dessous de la **coquille** il y avait du blanc et puis du jaune et puis plus rien, alors que sous la première **peau** de l'oignon se trouvait une autre, et ainsi de suite jusqu'à la fin des temps. « Partons, conclut-il. Nous allons manquer la cérémonie. »

ruelles narrow streets

à l'honneur in favor
À mi-parcours Halfway through
s'élargissait widened
rond-point rotary
bocal en verre glass tank
à ceci près que except that
introduits *here:* poured
s'épanouissait filled out
bulle d'air bubble of air
papillons butterflies
à croisillons lattice
doublés lined
filet net
parvînt entered, reached
pûssent could
socle de pierre stone pedestal
tréteaux trestles
à mi-hauteur halfway up
sarabande din
ailés winged
nageoire fin
tendue d'étoffe verte covered with green fabric
bâillements yawnings
étouffés stifled
baguées adorned with rings
invités de marque special guests

gardes du corps bodyguards

coiffés en brosse in a crew cut
sanglé strapped
s'empara du micro grabbed the microphone
discours speech
éprouva felt

Ils prirent une succession de **ruelles**. Un arc de triomphe marquait la fin de la ville basse. Elle était reliée à la ville haute, à ses palais et villas, par une longue avenue bordée de statues représentant des personnages qui, par leur bravoure ou bien encore par de tragiques amours dans des vies antérieures, avaient mérité d'être **à l'honneur**.

À mi-parcours, l'avenue **s'élargissait** en un **rond-point** au centre duquel avait été placée une sphère immense qui n'était autre qu'un **bocal en verre**, **à ceci près que** la sphère possédait deux ouvertures : l'une, supérieure, par où avaient été **introduits** de l'eau et des poissons rouges ; l'autre, à sa base, qui **s'épanouissait** en **bulle d'air** au cœur de l'objet, et dedans volaient des centaines de **papillons**. La sphère était posée sur une galerie circulaire **à croisillons** de métal **doublés** d'un **filet**, de telle sorte que l'air **parvînt** dans la bulle sans que ses occupants **pûssent** s'en échapper. Un **socle de pierre** supportait le tout. Ainsi pouvait-on, en grimpant sur des **tréteaux** disposés **à mi-hauteur**, observer le lent déplacement des poissons au-dessus et autour des papillons, et, par transparence, la **sarabande** intérieure de ces insectes **ailés**.

Sun affirma qu'il y avait plus d'éternité dans le mouvement d'une **nageoire** ou le vol d'un papillon que dans la pensée de mille sages et il poussa Vincent au premier rang de la foule bruyante qui envahissait les lieux. En face d'eux, des obélisques encadraient une tribune **tendue d'étoffe verte**.

Vincent devina sans peine, en voyant leurs airs graves et surtout leurs **bâillements** discrètement **étouffés** derrière des mains **baguées**, que ces hommes et ces femmes occupant la **tribune** étaient des **invités de marque**, les « officiels » en quelque sorte.

Un roulement de tonnerre rétablit le silence. Entouré de motocyclistes et de ses **gardes du corps** à cheval, la voiture de Zog remontait l'avenue. Elle s'arrêta devant la tribune où chacun se leva et applaudit.

Zog avait les cheveux gris, **coiffés en brosse** ; il était **sanglé** dans un uniforme de gala. Il prit place au centre de la tribune et **s'empara du micro**. À la fin de son **discours**, il se pencha vers un jeune homme qui se tenait à ses côtés et pour lequel Vincent **éprouva**

agrafa pinned
couronna crowned
déclenchèrent unleashed
salve de vitats round of cheers

a mis un terme put an end
flèches arrows
aimable kind
défilé parade
clou highlight
au fur et à mesure throughout it all
déroulement progress
jupettes short skirts
tibias shins
faveur ribbon
en laisse on a leash
gaillard moustachu lad with a mustache
joues creusées hollow cheeks
jetèrent le froid cast a chill
monture borgne one-eyed mount
fière allure proud look
reprendre leurs esprits come to their wits again
évanoui vanished
sabots des chevaux horseshoes

hocha le menton nodded with his/her chin

dents longues high hopes
augmentation raises
sceptique skeptical

soldatesque étrangère *here:* foreign mercenaries
épargne spares
ennui boredom

saignent à blanc bleed white/dry
éventuels potential

160

sans raison une irrésistible sympathie. Zog **agrafa** sur sa poitrine une médaille, puis le **couronna** de fleurs. Il prononça à nouveau quelques paroles qui **déclenchèrent** une **salve de vivats**.

— Que se passe-t-il ? demanda Vincent.

— Zog vient de couronner Alban. Il a dit : « Gloire à l'illustre Alban, l'Éros des temps futurs, dont le chant **a mis un terme** au règne des **flèches**. »

— Quel triomphe ! ajouta Sun. Je n'ai jamais vu Zog aussi **aimable** !

Un **défilé** succéda au discours. Le **clou** sans conteste en fut le passage du 1er R.E.V. – « Régiment Étranger de Vampires », précisa Sun, qui, **au fur et à mesure**, commentait pour Vincent le **déroulement** de la parade –. Les « Draculettes » le précédaient. C'était un groupe de pâles jeunes filles en **jupettes** qui levaient la jambe rythmiquement, tout en faisant vibrer leurs tambours avec des **tibias**. Puis venait un grand chien noir au cou duquel on avait noué une **faveur** blanche : la mascotte du régiment, tenue **en laisse** par un **gaillard moustachu**, le Tibia major.

À la tête de ses hommes, dont les tuniques funèbres et les **joues creusées jetèrent le froid** parmi l'assistance, le général comte Dracula, sur sa **monture borgne**, avait **fière allure**. Il fallut quelque temps aux spectateurs pour **reprendre leurs esprits**, mais déjà le 1er R.E.V. s'était **évanoui** dans la poussière soulevée par les **sabots des chevaux**.

Sun **hocha le menton** :

— Quelle fantastique force de dissuasion ! Malheureusement, ils ont les **dents longues** : le général demande sans cesse de l'**augmentation**.

Vincent était **sceptique** :

— Quelle sorte d'ennemis avez-vous donc ?

— Comme partout : nos voisins. En faisant appel à cette **soldatesque étrangère**, Zog **épargne** ainsi à nos jeunes l'effroyable **ennui** du service militaire. Les forêts où leur régiment est basé sont proches. Quatre fois par an, à chaque changement de saison, les hommes de Dracula **saignent à blanc**, préventivement, nos ennemis **éventuels**.

Zog avait regagné ses hauteurs privées et neigeuses ; les officiels,

en liesse in jubilation

surplombaient hung over
berge bank

L'ayant serré Having hugged him
fit le tour de l'assistance made the rounds of those present

passager fleeting
reconnaissance gratefulness

chatoyantes shimmering
aux corolles épanouies in full bloom

goûter (light) meal

bavardages chatter

à son secours to his rescue

leurs palais. L'azur était sublime et les gens **en liesse** dansaient sous les arbres.

— Quand reverrai-je Alban ? questionna Vincent que les papillons, les poissons, la politique et les défilés, laissaient indifférent.

— Notre héros donne une fête. Vous y êtes invité.

*
* *

La villa d'Alban était bâtie sur une île et l'île était un jardin que se partageaient l'ombre et la lumière, plantée de lauriers et de myrtes et de grands magnolias dont les branches **surplombaient** la **berge**.

Alban, les mains ouvertes, accueillit Vincent sur le pont par lequel on avait accès à son domaine. La petite cour de ses fidèles que Sun avait rejointe s'était rassemblée et observait la scène à distance. **L'ayant serré** contre lui, il le prit par le bras et **fit le tour de l'assistance** : « Celui-ci, leur disait-il, est un disciple très cher. Son mérite est grand. »

À mesure que Vincent approchait les visages souriants, ils lui paraissaient plus familiers. Il s'en ouvrit à Alban :

— Ces personnes me font une étrange impression. Vous-même…

— C'est très simple. Vous éprouvez un sentiment généreux et **passager** qui se situe au plus profond de l'amour : la **reconnaissance**… Allons rejoindre mes belles amies.

Elles étaient au nombre de neuf, réunies au pied d'un sycomore, pareilles dans leurs robes **chatoyantes** à de gros bouquets de fleurs **aux corolles épanouies**.

— Oh, Alban ! Que faisiez-vous ? Je croyais que vous nous aviez abandonnées, dit l'une d'elles presque tragiquement. Venez partager notre **goûter**.

Ils s'assirent sur l'herbe au milieu du groupe et les **bavardages** reprirent. Celle qui était en face de Vincent, plus âgée que les autres, lui demanda quelle sorte d'art il pratiquait. Vincent ne comprenait pas. Alban vint **à son secours** :

— Vincent, voici notre spécialiste des poésies héroïques, lady Popo. C'est du moins le nom que j'aime à lui donner.

163

d'un air un peu piqué in a somewhat nutty manner

coupes cups
poussiéreuse dusty
tisanes herbal teas
à l'inverse conversely

acajou mahogany
amère bitter
s'enrobait was wrapping itself
savants ouvrages skilled handwork
déclinait was fading
crépuscule twilight
éteignit *here:* silenced
veilleur night watchman
éclat radiance
accompli *here:* come true
Bénissez Bless
larmes tears
esprit mind
échec failure
dépouillé stripped
délivré freed

œillets carnations
souffle du vent solaire wafting of the solar wind

La Voie lactée The Milky Way

— Dans l'intimité seulement, mon cher, corrigea-t-elle **d'un air un peu piqué**.

Alban se contenta de mettre un doigt sur sa bouche et s'absenta quelques instants. Il revint, tenant deux **coupes** et une bouteille **poussiéreuse**.

— Je ne vous en offre pas, mes ravissantes. Vous préférez vos **tisanes**. Mon ami, **à l'inverse**, sera sensible au goût si particulier de ce vin. Il est né près d'un fleuve, de l'autre côté des montagnes. Nul n'a vécu assez longtemps pour en voir l'agonie.

Ils burent ensemble ce liquide dont la couleur rappelait avec des nuances d'abricot un **acajou** très pâle et sa jeunesse **amère s'enrobait** à présent de miel.

Les femmes étaient rentrées chez elles travailler à leurs **savants ouvrages**. Le jour **déclinait**, rose et doré. Dans le jardin d'Alban, le **crépuscule éteignit** les voix une à une, comme un **veilleur** les lampes. Cependant, dans le cœur de Vincent s'alluma une autre lampe qui avait l'**éclat** d'un rêve **accompli** et il pleura.

— **Bénissez**, lui apprit Alban, les **larmes** du rêve, cet élixir qui vaut celui des alchimistes. Autrefois, le rêve était plus que votre **esprit** ne pouvait accepter, comme l'aveu d'un impardonnable **échec**. Mais, à présent, vous voici heureux et **dépouillé**, **délivré** de toute ambition, de tout espoir, parvenu au terme d'un voyage circulaire dans un espace enfin précis, et roi d'un royaume aux frontières sûres. Nous ne nous reverrons plus, ni ailleurs, ni plus tard, ni dans l'éternité, si par ce mot il faut entendre quelque chose qui se produirait après le temps de notre rencontre. Vous oublierez qu'elle a eu lieu. Ni vous ni moi n'en aurons de regrets. Nous sommes. Vous et moi. Présents dans le cristal caché des pierres et l'odeur des **œillets** blancs qui parfume les nuits souveraines, dans le chant des cigales, l'eau des fontaines, le **souffle du vent solaire**.

Sun parut à leurs côtés. « C'est l'heure », dit-il seulement. Alban les accompagna jusqu'au pont et embrassa Vincent.

— Vous avez toute ma tendresse. Sun vous conduira là où vous êtes attendu.

La Voie lactée les guidait bien mieux que n'eût fait la lune dans

gravirent climbed

embrasait set ablaze
hantent haunt
s'inclina très bas bowed

écarta opened
miroir dévoilé unveiled mirror

éclairée illuminated
drap sheet
allongé stretched out
rangées rows

accouraient rushed over

avoir un malaise felt faint
séance showing

blanc comme un linge white as a sheet

peur fright

jumeau twin

166

le bois silencieux où ils avançaient en se tenant par leurs vêtements. Ils arrivèrent au pied d'un temple et en **gravirent** les marches. Au fond de la pièce unique se tenait une femme devant un rideau. La clarté qu'elle diffusait (car il n'y avait aucune autre source de lumière) **embrasait** son visage et ses cheveux d'or, ses yeux dont le bleu était celui de la mer, celui de tous les ciels qui **hantent** la vie des hommes. Sun **s'inclina très bas** et les laissa.

Elle ne ressemblait à personne. Il chercha vainement dans sa mémoire détruite. Le mot « ange » lui vint à l'esprit.

– Mon Bien-Aimé ! dit-elle.

Il voulut la saisir dans ses bras, envahir avec son corps cette transparence lumineuse. Elle recula.

– Ne me touche pas ! Pas encore ! REGARDE !

Elle **écarta** le rideau et, si près d'elle qu'il sentait sa chaleur, Vincent interrogea le **miroir dévoilé**. Leurs visages cessèrent peu à peu de s'y refléter pour laisser la place à un spectacle qui ne semblait pas les concerner. Dans une salle violemment **éclairée**, dont tout un mur était recouvert d'une sorte de **drap**, quelqu'un était **allongé** entre deux **rangées** de chaises. Une femme aux cheveux gris se penchait sur lui. Elle agitait dans la main une torche, d'autres personnes **accouraient**. Vincent entendait à présent leurs voix. La femme disait :

– Je l'ai trouvé là. Je faisais mon inspection habituelle avant de fermer : les gens oublient toujours leurs affaires au cinéma. Il a dû **avoir un malaise**, le pauvre… Mon Dieu, quel ennui ! je l'avais remarqué : il est arrivé à la **séance** de dix heures.

Un jeune homme habillé d'un costume de velours vert l'interrompit :

– Il faut le transporter. C'est peut-être un accident cardiaque : il est **blanc comme un linge**.

– Non, non ! affirmait un autre. Ne le bougez surtout pas !

– Ah ! s'exclama la femme, il ouvre les yeux… Eh bien, vous m'en avez fait une **peur** ! Comment vous sentez-vous ?

L'homme, car c'était un homme, se releva avec difficulté. Vincent fut saisi de voir que c'était son **jumeau**. L'ange expliqua : « Ton

double double

soutenu helped
ce qui m'a pris what came over me
chaleur heat

secoua shook

se déplaça moved
stationnait was parked

s'effondra collapsed

double, Vincent. Il s'appelle Max. Vous ne vous aimiez pas, et vous en avez beaucoup souffert tous les deux. »

Max, **soutenu** par le jeune homme en vert, se hasarda à faire quelques pas. « Excusez-moi, fit-il. Je ne sais pas **ce qui m'a pris**. La **chaleur** sans doute. » La femme qui tenait la torche lui demanda s'il ne voulait pas qu'on appelât la police. Max **secoua** la tête. Elle insista : avec le froid glacial qui régnait dehors, était-ce bien raisonnable ? Avait-il une voiture, ou fallait-il chercher un taxi ? Max la rassura : sa voiture était en face. La scène dans le miroir **se déplaça**. Elle se situait dans une rue déserte. Devant le cinéma, une énorme voiture **stationnait** – presque aussi longue, pensa Vincent, que celle de Zog. Max se détacha du groupe qui l'observait et entreprit de traverser la rue. Il porta la main à son cœur, puis **s'effondra** dans la neige.

Instinctivement, Vincent toucha sa poitrine. L'Ange aux cheveux d'or lui dit :

– La vraie séparation n'est pas entre les êtres, mais au sein d'un même être. Tu es enfin réuni.

– Et toi ! demanda Vincent. Toi, qui es-tu ?

– Je suis la Solitude.

Le Livre des vins rares ou disparus

« La Loire secrète »

Robert de Goulaine

Annotated by Tara Golba

viticole wine-growing

méridionale southern

Loire the longest river in France. The Loire Valley is known for its châteaux (including Chambord, Chenonceau, and Chinon), historic towns, and wines.

terroir geographical area or piece of land producing specific regional specialties (often agricultural products). The term *terroir* also connotes a cultural identity and local customs.

vignobles vineyards

morcelés divided into pieces

superficie area

calcaire limestone

les schistes et l'argile shale and clay

appellation term identifying the region where grapes for wine are grown. The term *Appellation d'origine contrôlée (AOC)* officially identifies individual French wines and other agricultural products of specific origin, quality, and other distinguishing characteristics.

coteaux hillsides

« fait leurs Pâques » reached maturity; *literally*: had their Easter, reached spring

étapes hôtelières hotel stops

parcours initiatique journey of initiation

n'en privilégie aucune doesn't favor any of them

Rabelais François Rabelais (c.1494–1553), a French Renaissance author noted for his satirical, imaginative, and often bawdy writing (and numerous references to food and wine) in such works as *Gargantua and Pantagruel*

soigneusement entretenue carefully maintained

querelles de clochers et de cépages local rivalries and those specifically concerned with regional vine varieties

s'estompent are lessened, diminished

appartenir belonging to

se vide ou se gonfle is emptied of or puffs itself up with

tuffeau tuff, Loire limestone

Dans la géographie **viticole** de la France, depuis les confins de l'Auvergne jusqu'à la Bretagne **méridionale**, le val de Loire occupe une place à part. Ce n'est pas une province, une région, un **terroir** spécifique, à l'image du Bordelais, de la Bourgogne, de la Champagne ou de l'Alsace : les distances y sont considérables (la Loire-Atlantique est plus proche de la Gironde ou du Finistère que de la Nièvre) ; les **vignobles**, souvent **morcelés** et de faible **superficie** ; le **calcaire** alterne, à quelques kilomètres près, avec **les schistes et l'argile**, et, dans une même **appellation**, les vins de plaine diffèrent des vins de **coteaux**, les vins primes de ceux qui ne donneront le meilleur d'eux-mêmes qu'après avoir « **fait leurs Pâques** », les vins « pour boire en mangeant » de ceux qu'il est préférable de « boire en buvant ». Blois, Orléans, Tours, Saumur, Angers, Nantes, ne représentent que les **étapes hôtelières** d'un **parcours initiatique** qui **n'en privilégie aucune** et nous déroute à plaisir vers d'autres lieux, moins évidents et de plus « grand renom » ; ainsi parlait **Rabelais** de sa bonne ville de Chinon.

Cultiver la différence est affaire de jardinier et nous sommes ici dans le jardin de la France, mais une diversité aussi réelle et **soigneusement entretenue**, les **querelles de clochers et de cépages**, **s'estompent**, dès lors que tous ont le sentiment d'**appartenir** au même fleuve royal, tantôt paresseux et ensablé, tantôt impétueux, sous un ciel qui **se vide ou se gonfle** de nuages ; que le climat y est égal et sans excès ; que le **tuffeau** donne aux logis des vignerons une

manoir manor

perrons front steps
Grand Siècle 17th century
sentent encore le parvenu still smell of new money
peupliers poplars
se décline presents itself
endimanchés wearing their Sunday best

N'en déplaise Let it not displease

demeure remains

millésimes vintages
éventail de saveurs range of flavors
vendange grape harvest

clos enclosed vineyard

sec dry
palais palate
celles du tilleul those (the scents) of the lime tree
chapeau de paille straw hat
rillons cubes of cooked pork
au lendemain matin de the morning after
dégustation tasting

faute de retrouver mes esprits for want of recovering my mental
　　faculties

élégance de **manoir**, tandis que les plus flamboyantes demeures gardent par le jeu de leurs portes basses, l'harmonieuse asymétrie de leurs façades, un je-ne-sais-quoi d'accueillant et de bon enfant, sans **perrons** ni fanfares. En comparaison d'Azay, de Chenonceaux, d'Amboise, les châteaux d'Ile-de-France et du **Grand Siècle sentent encore le parvenu**. Le long de la Loire, à l'horizon des vignes et des **peupliers**, le bonheur **se décline** au quotidien, la noblesse de caractère ne doit rien à la fortune. Ces gens, leurs vins, ne sont pas **endimanchés** ou pompeux, ni pressés par le temps qui passe et en améliore certains d'admirable façon.

 N'en déplaise aux jolis Muscadets, aux Gamays, Sauvignons et Pinots dont je ne sous-estime pas les mérites, ma préférence ira toujours au Cabernet franc ou au Chenin, tous deux spécifiques du val de Loire, (ailleurs, si le Franc entre en composition de quelques vins, ce n'est qu'à titre accessoire et le Chenin **demeure** peu convaincant), offrant, d'une appellation à l'autre, ou selon les **millésimes**, un **éventail de saveurs** qu'élargissent encore, dans le cas précis du second, les techniques de vinification et l'état choisi de la **vendange**.

 Les vins rouges de Chinon, de Bourgueil et de Saint-Nicolas ont depuis longtemps la faveur du grand public. Qui, par contre, a déjà bu du Chinon blanc ? Très peu de vignes subsistent, plantées, bien sûr, en chenin, et le plus célèbre **clos** s'appelle d'ailleurs « le champ chenin ». Plus astringent que ses proches parents de Vouvray et de Montlouis, vinifié en **sec**, le Chinon blanc des premiers mois réjouit le **palais** par sa vivacité, mais perd très vite sa fraîcheur et ne retrouve qu'après plusieurs années un équilibre délicat où dominent, plus que les habituelles senteurs d'acacia, **celles du tilleul**. Un tel vin est une invite à la promenade et au **chapeau de paille**. Il accompagnait, en ce qui me concerne, des noix et des **rillons au lendemain matin d'**une interminable **dégustation** de chinons rouges chez un vigneron où j'avais dû passer la nuit, **faute de retrouver mes esprits**, du côté de Savigny-en-Véron, en compagnie de Pierre Androüet, dans la maison d'Olga Raffault... Olga, prénom

grives thrushes

récolte harvest

Bavarois Bavarian

sec *here*: dry-humored, severe

uhlan cavalry soldier who served in the Polish, German, Austrian, or Russian armies

casiers cases

exploitation land worked for profit

demeura remained

mourut died

faire-part d'usage customary announcements

ne tarda pas did not take long

paysan countryman, peasant

ouvrier worker

bien que although

toit roof

capter l'héritage *in effect:* to get his hands on their inheritance

SMIG = *salaire minimum interprofessionnel garanti*, a term designating the minimum hourly wage in France. The *SMIG* was replaced in 1970 by the *SMIC,* or *salaire minimum interprofessionnel de croissance.*

devint became

au fil des saisons with the passing of the seasons

selon qu'ils provenaient depending on whether they originated

futaille cask

caveau cellar

virevoltaient twirled around

à cor et à cri loudly

désormais meanwhile

daube...blanquette types of meat stew

fouasses brioche-like pastries

de rigueur en ce coin du monde où les Raffault sont plus nombreux que les **grives** dans les vignes, après la **récolte**. Olga, courte et enveloppée, qui officiait généreusement à la cuisine, pendant que son compagnon, un grand **Bavarois sec**, surnommé par ses voisins « le **uhlan** », apportait des **casiers** pleins.

Ernst fut un de ces prisonniers qui, par juste retour des choses, vint travailler au lendemain de la guerre sur l'**exploitation** des Raffault. Il y **demeura** quelques mois et n'oublia jamais Olga. Les années passèrent. Quand M. Raffault **mourut**, elle envoya les **faire-part d'usage** à la famille, aux amis d'hier et d'autrefois. Ernst reçut le sien. Ils ne s'étaient pas écrit, ne s'étaient pas revus depuis un quart de siècle. La réponse **ne tarda pas** à arriver à Savigny-en-Véron. Elle disait en substance que ce **paysan** bavarois ne s'était pas marié, qu'il végétait comme **ouvrier** agricole, qu'il voudrait bien revoir la Touraine. Olga l'invita à passer chez elle une semaine qui se transforma en années. Il avait mis ses conditions : **bien que** vivant sous le même **toit**, ils ne se marieraient pas, de peur que les enfants ne le croient intéressé à **capter l'héritage**, si considérable aux yeux d'un homme qui ne possédait rien ; Olga l'employerait dans les vignes, il serait payé au **SMIG**. Le miracle se produisit : Ernst, l'oncle Ernest, comme on l'appelait aussi dans le cercle familial, **devint au fil des saisons** un remarquable vigneron. Ses rouges lui ressemblaient, tendres ou austères, **selon qu'ils provenaient** des sables ou du coteau calcaire ; il en parlait de sa voix flûtée, à la lueur incertaine d'une bougie posée sur la **futaille** du **caveau**, versant à boire à la ronde et protestant, lorsque les filles de la patronne **virevoltaient** autour de lui et réclamaient **à cor et à cri** les meilleures bouteilles : « Mes petites, pas celles-là ! Vous êtes trop jeunes. Gardez-les pour d'autres occasions. » Elles repartaient comme elles étaient venues, mi-rieuses, mi-confuses, et la conversation se prolongeait entre gens qui prennent leur temps, ce temps **désormais** compté pour eux. Je les revois aussi, Olga et Ernst, à table, côte à côte, devant une **daube** ou une **blanquette**, et Pierre Androüet, assis en face, qui leur parlait de Platon et de Rabelais, de **fouasses** ou de fromages, avec un égal bonheur, et

177

dont ils n'avaient nulle peine à suivre le discours whose speech
    they had no trouble following

flacons bottles, flasks

éleva produced

à peine barely
Feu le duc The late (deceased) duke
abritaient sheltered, protected
autrui other people
Si jamais If ever
il s'agit bien de celui-là it is certainly that one
chaptalisé having sugar added before fermentation to increase
    alcohol content
ne donne le plus souvent que usually only gives
piquette wine of inferior quality
j'eus I had
gendre son-in-law
faute d'y avoir goûté for want of having tasted it
hors commerce not for sale

par voie d'échange by means of exchange

fut amené was led

s'étant après coup récusée having backed out of its responsibilities
    after the fact
troc exchange, barter

potager vegetable garden, kitchen garden
se passe en fait de commentaire doesn't require any commentary

dont ils n'avaient nulle peine à suivre le discours, car mon vieil ami s'exprimait dans la langue des oiseaux, inconnue des pédants, mais familière aux cœurs purs. Ernst est en paradis depuis lors (on appelle aussi : « paradis » le lieu où se gardent les **flacons** hors d'âge, expression commune au val de Loire et à la Charente) et les vins qu'il **éleva** se font rares. Les enfants Raffault continuent d'exploiter le domaine. Olga doit sans doute être arrière-grand-mère.

Très peu de kilomètres, une heure **à peine** en voiture, séparent leur modeste propriété de l'imposante forteresse de Luynes. **Feu le duc** du même nom y tenait en grande estime le carré de vigne que son jardinier cultivait, entre carottes et dahlias, au pied des remparts dont les hauts murs l'**abritaient** des vents du nord et de la curiosité d'**autrui**. **Si jamais** un vin justifia le terme de rare, **il s'agit bien de celui-là.** La production n'excède pas une petite centaine de bouteilles, et dans les bonnes années seulement, car, n'étant jamais **chaptalisé**, le vin des Luynes **ne donne le plus souvent qu'**une médiocre **piquette**...

Mais ces bonnes années, ah ! ces bonnes années : 1955, 1961, 1976, que **j'eus** le privilège de partager avec le **gendre** du duc, le marquis du Luart, et je ne doute pas—**faute d'y avoir goûté**—que 1989 et 1990 les égalent. Ce nectar, **hors commerce**, n'a donc, stricto sensu, pas de prix. L'amateur devra user de ses éventuelles relations et procéder **par voie d'échange**, sans négliger de mettre la barre très haut. Je lui rappellerai à ce propos que du fait de son mariage avec Mlle Unzue le duc de Luynes **fut amené** à acheter pour le compte du gouvernement argentin une considérable proportion de la récolte de Cheval Blanc 1947 et que, se trouvant contraint de la garder pour lui, la dite République **s'étant après coup récusée**, il l'offrait à ses invités plus libéralement que sa production personnelle. Chez Roland du Luart, le **troc** s'opérait sur la base d'une bouteille de Luynes 1955 contre six d'un antique calvados... A quoi tient le charme de ce chenin de **potager**, comment expliquer son charme ? Un tel vin **se passe en fait de commentaire** ;

qu'il ne paraît ici-bas than it appears here (on earth)

Point de vins No wines
plus qu'il ne prétend more than it claims to
crus vineyards (*also*: the wines produced in the vineyards)

auvergnate from the Auvergne region in central France
Apre au gain Greedy, Eager for profit
boursicoteur avisé shrewd speculator
chichement scantily, meanly
pièce room
commis employees, assistants
casquette à bord de gance cap with a fabric border
sabots wooden work shoes, clogs
du beau monde someone from high society

troquait bartered
haut-de-forme aplati flattened top hat
pesta contre cursed
se cloîtrer cloistering himself
cercueil en chêne massif coffin of solid oak
bardé de plomb armored with lead
le fit languir made him languish

aménagement installation, development

percés de trous pierced with holes
par où les ceps through which the vines
leurs sarments, leurs feuillages et leurs grappe their shoots,
   leaves, and clusters of grapes

il possède la simplicité d'un « grand ordinaire », mais destiné à un monde meilleur où de grands seigneurs et des paysans bavarois seront moins étrangers l'un à l'autre **qu'il ne paraît ici-bas**.

Point de vins, grands ou petits, mais différents de la norme, qui ne soient l'œuvre de personnages hors du commun et ce livre leur rend hommage, **plus qu'il ne prétend** inventorier les **crus** et les châteaux illustres.

Le père Cristal était, lui, d'origine **auvergnate**, le fils d'un marchand à la voiture installé à Turquant, au carrefour de la route de Fontevrault. **Apre au gain, boursicoteur avisé**, il fit fortune et réalisa son rêve en achetant en 1866 le château de Parnay, près de Saumur, où il vivait **chichement** dans une seule **pièce**, au milieu d'un prodigieux bric-à-brac. La vigne devint son unique passion. Il surveillait ses **commis** de l'aurore au coucher du soleil, coiffé d'une **casquette à bord de gance**, munie de couvre-oreilles, vêtu de velours et en **sabots** ; quand, à l'occasion, **du beau monde** venait le voir, il portait un ample costume de drap noir sur sa chemise blanche ornée de la mince cravate de soie en usage à l'époque et s'il « montait à Paris » pour y rencontrer son ami Clemenceau ou négocier la récolte à des prix extravagants (2 000 francs la barrique en 1914 !), il **troquait** la casquette contre le « cronstadt », sorte de **haut-de-forme aplati**. Tel était, à l'apogée de sa gloire, le père Cristal, qui ne comprit rien ensuite aux années folles, **pesta contre** la dévaluation du franc, le désordre des esprits, et finit par **se cloîtrer** chez lui, méditant à longueur de jour dans une ancienne chapelle à côté de sa maison, devant le **cercueil en chêne massif, bardé de plomb**, qu'il avait commandé d'avance, appelant à lui la mort qui **le fit languir** jusqu'en 1931. Il avait alors quatre-vingt-treize ans.

La grande affaire du père Cristal fut l'**aménagement** de son « clos d'entre les murs ». En dépit de sa légendaire avarice, il construisit une série de murs parallèles qui traversaient le champ de part en part, **percés de trous** à cinquante centimètres de hauteur, **par où les ceps**, plantés au nord, pouvaient accéder à la face opposée, y développer **leurs sarments, leurs feuillages et leurs**

léguer bequeath

Clemenceau, Edouard VII, Pierpont Morgan Georges Clemenceau (1841–1929), French prime minister; Edward VII (1841–1910), British king from 1901 to 1910; John Pierpont Morgan (1837–1913), influential American financier and banker

grenat dark red, garnet-colored

ampleur fullness, body

maître à vinifier winemaking mentor

auquel to whom

sont redevables d'avoir émergé owe their emergence

confond confuse

chais cellars or storehouses for wine and spirits

ateliers workshops

embouteillage bottling

en contrebas down below

dissimulées hidden

terrier de blaireau badger's burrow

portail à claire-voie open-work gate

tapon de lierre heap of ivy

anfractuosité crevice

noircissent blacken

taillé carved out

carriers quarrymen

ébaucher give shape to

piliers de soutènement support pillars

empile piles up

grappes, ce qui lui faisait dire que sa vigne avait les pieds au frais et le ventre au soleil. La réputation des Hospices de Beaune agitait son esprit : il voulait produire un meilleur vin. Est-ce la raison qui le poussa à **léguer** en 1929 son « clos d'entre les murs » aux Hospices de Saumur qui en sont toujours propriétaires ? Le vin qui enchanta **Clemenceau, Edouard VII, Pierpont Morgan**, continue de plaire, avec sa robe **grenat**, intense et profonde, ses arômes grillés et fruités, même s'il n'a pas, aujourd'hui, l'**ampleur** de certains Saumur-Champigny, comme ceux que produit et élève Philippe Vatan au château du Hureau.

A Sazilly, dans le Chinonnais, Charles Joguet, aussi inventif à sa manière que le père Cristal—mais combien plus souriant et partageux !—est une autre figure de la Loire. Cet ancien élève des Beaux-Arts, peintre par vocation, entra en viticulture à la mort de son père, comme en religion. Tafonneau fut son **maître à vinifier**, puis l'œnologue Jacques Puisais, **auquel** bien des producteurs de la vallée **sont redevables d'avoir émergé** de leur provisoire apathie.

On ne **confond** pas les genres à Chinon ; ni les activités ni les lieux où les exercer. Aller en visite aux « caves » tient de l'expédition. Elles se trouvent en général à distance des maisons, des bureaux, des **chais** proprement dits, simples **ateliers** de vinification et d'**embouteillage**, sans rapport avec ces vastes grottes qui seules permettront aux divers crus de donner plus tard leur exacte mesure ; au détour d'une route de campagne, **en contrebas**, **dissimulées** par un rideau végétal, évoquant en plus imposant l'entrée d'un **terrier de blaireau**, fermées par un lourd **portail à claire-voie**, dont la clef se cache sous un **tapon de lierre**, dans une **anfractuosité** voisine. Les caves de Touraine paraissent plus blanches qu'en Champagne ou à Cognac, car le vin n'y travaille pas et les vapeurs d'alcool ne **noircissent** pas le calcaire **taillé** par d'anciens **carriers** qui ont su utiliser les veines de roche dure pour **ébaucher** de place en place des **piliers de soutènement** du plus bel effet. Ce sont, à présent, autant de chapelles et de cryptes distinctes où l'on **empile**, à part, les récoltes de chaque clos.

Ceux de Charles Joguet se nomment « La Cure », « La

inculte uncultivated

moines monks

peintre-vigneron painter-wine grower

souligner emphasize

déboucher uncork

hôte de passage passing guest

greffés grafted

l'emportait de beaucoup sur dominated, prevailed over by a great deal

groseille à maquereau a type of gooseberry

venaison venison

affiné refined

porte-greffes plant or tree to which grafts are attached

En témoigne à souhait Bearing witness to that perfectly

grains seeds

serrés tightly packed, close together

rendement à l'hectare yield per hectare (2.47 acres)

n'excédera guère will hardly exceed

arraché uprooted

menacées à leur tour threatened in turn

A la veille du On the eve of the

guettent lie in wait for

Haute Olive », « Les Varennes du Grand Clos » (varenne est synonyme de garenne en vieux français et désigne une terre à l'origine **inculte**), « La Dioterie », plantée depuis la Renaissance, « Le Chêne Vert » que les **moines** de l'abbaye de Bourgueil cultivaient déjà en 1200. Notre **peintre-vigneron** sait à merveille en **souligner** les vertus respectives et, s'il est d'humeur joyeuse, acceptera peut-être de **déboucher** pour l'**hôte de passage** une de ces bouteilles ultra-confidentielles qui proviennent de son hectare de vignes franches situé au cœur des Varennes du Grand Clos. La différence entre un tel vin et celui du même millésime, né au même endroit, élaboré de façon identique, sans chaptalisation, collage ou filtration, mais à partir de plants **greffés**, se révèle stupéfiante. En 1990, par exemple, malgré son degré inférieur (11°5 au lieu de 12°8), l'âge des ceps (8 ans au lieu de 22), le vin issu des vignes franches **l'emportait de beaucoup sur** l'autre par l'intensité, la concentration des matières, avec, en prime, son parfum très original de **groseille à maquereau**, son fort goût de **venaison**, **affiné** par le décantage. Il demeure le reflet fidèle d'une parcelle précise, alors que le meilleur et le mieux adapté des **porte-greffes**, placé comme un écran entre le sous-sol et la plante, ne peut que modifier la structure et l'évolution de celle-ci. **En témoigne à souhait**, sur le terrain, l'aspect des deux végétaux, la vigne franche possédant un feuillage plus réduit, des grappes arrondies et non pas triangulaires, aux **grains** moins **serrés**, et son **rendement à l'hectare n'excédera guère** les vingt-cinq hectolitres, de moitié inférieur aux normes habituelles.

Combien d'années encore les ceps de Charles Joguet échapperont-ils au terrible phylloxéra ! Les « vignes françaises » de Bollinger, pré-phylloxériques, constituent l'exception ; elles ne sont pas replantées, comme à Chinon... Une nouvelle forme de l'insecte, le « phylloxéra B », s'attaque maintenant à des variétés jusque-là résistantes. Le vignoble californien devra être **arraché** et greffé dans sa quasi-totalité ; l'Australie, la Nouvelle-Zélande, semblent **menacées à leur tour**. **A la veille du** troisième millénaire, d'autres maladies **guettent** nos vignes, fragilisées par la stérilisation

réfractaires resistant

changer radicalement de cap radically change course

nuisaient harmed

jadis long ago, in the past

pour autant qu'on la laissât faire as much as one allowed it to

balancier pendulum (*also*: the balancing pole of a tightrope walker)

disette scarcity, famine

soit moindre be less

ceinturées de parois crayeuses encircled by chalky walls

envahies de viornes et de ronces overrun by viburnums and brambles

s'abriter take shelter

averse shower, downpour

parler local local way of speaking

bonne chère good food

trouvera davantage son compte will have greater success

auparavant before, previously

comme personne like no one else

foies de volaille poultry livers

s'assagit, s'étire et s'endort becomes calm, stretches out, and falls asleep

riverains riverside residents

tourangeaux from the Touraine region

ont le verbe moqueur speak mockingly

moelleux mellow

progressive des sols, envahies par des souches de parasites **réfractaires** à la pharmacopée des chimistes. Ne faudra-t-il pas se résigner à **changer radicalement de cap** ? Cesser de droguer nos appellations malades, de les maintenir sous perfusion ; rendre au contraire la vie à la terre profonde, en nous souvenant que les insectes et les champignons qui s'y développent ne sont pas nés d'hier et ne **nuisaient** pas **jadis** aux végétaux en bonne santé, que la nature, du moins, se chargeait, **pour autant qu'on la laissât faire**, de rétablir les grands équilibres, fondés sur l'alternance et d'invisibles mouvements de **balancier**. Accepter que les années de **disette** succèdent parfois aux années d'abondance et qu'au bout du cycle, le profit **soit moindre** et le vin, meilleur.

« Si je dois parler dollars ou hectolitres, alors je ne suis pas bon », avoue Charles Joguet, guidant le visiteur au dehors, vers une sorte de petite cour uniquement accessible depuis les caves et **ceinturée de parois crayeuses, envahies de viornes et de ronces**, où un surplomb de la roche permet aux convives de **s'abriter** de l'éventuelle **averse**, assis sur un banc devant une table rustique, sans perdre de vue le ciel et l'oiseau noir qui passe, très haut, entre deux nuages. Ce n'est pas un endroit pour prendre un vrai repas, mais un lieu de « mangement » selon le **parler local** qui me paraît réunir sous un même vocable les notions, somme toute, assez proches de mastication et de méditation.

Le voyageur en quête de **bonne chère** et de fins dîners **trouvera davantage son compte** à Amboise, au Mail Saint-Thomas, le restaurant de François Le Coz, digne fils du couple qui tenait **auparavant**, non loin de là, l'Auberge du Mail et savait accommoder **comme personne** le coq au vin de Chinon et mariner les **foies de volaille** dans de vénérables Vouvrays. Mais cela est une autre affaire.

Le fleuve, à hauteur de l'Anjou, **s'assagit, s'étire et s'endort**, comme ses **riverains** dont leurs voisins **tourangeaux**, ceux du moins qui **ont le verbe moqueur**, prétendent que tant de douceur engendre la nonchalance et que des vins trop **moelleux** prédisposent

fouettent whip, lash

parviennent à succeed in
« renverser les gars » knocking the boys over
s'ils en abusent *here*: if they drink too much of it
guérissent cure
tonnelle bower, arbor
glycines wisteria plants
sans hâte without rushing
s'ingénient à strive to, try hard to

bonifier improve

moins sujet...été pourri less subject than the first one to the hazards of a rotten (*i.e.* wet, humid) summer
soutenus sustained
amertume slight bitterness
alanguis languid
suscitent arouse
fût-il be it
ne se résume pas à does not simply come down to
Chateaubriand François-René de Chateaubriand (1768–1848), a French author of the Romantic period and ardent admirer of Juliette Récamier, hostess of influential literary salons
eût approuvés would have approved of
Quoi qu'il en soit Be that as it may
ce qui vaut aux seconds...ouvrage de parti pris which earns the latter wine (the Anjous) a greater place of honor in this book whose goal was stated from the beginning (*i.e.*, Goulaine's book, which favors the rare wine over the admirable wine)

à la sieste plus qu'ils ne **fouettent** le caractère. Si le sommeil est une banale nécessité, la sieste s'apparente à un art de vivre et, dans ce pays tranquille, prudent et mesuré, où peu d'événements sont de nature à troubler les esprits, où les « fillettes » seules (il ne s'agit pas de très jeunes demoiselles, mais de demi-bouteilles) **parviennent à** « **renverser les gars** » **s'ils en abusent**, les grands crus du Layon nous **guérissent** à coup sûr de toutes les formes de la mélancolie. C'est, précisément, au réveil d'une sieste prolongée, vers les cinq heures de l'après-midi, sous la **tonnelle** ou les **glycines**, loin par conséquent d'une encombrante digestion, qu'il convient de les déguster **sans hâte**, en compagnie d'un ami véritable—deux, serait excessif—et non point de ces nourritures sucrées ou salées que les manuels de gastronomie **s'ingénient à** proposer dans le souci de justifier leur emploi et les remettre à la mode.

Sait-on encore qu'au début du siècle, les Quarts-de-Chaume et les Bonnezeaux se vendaient au prix du Sauternes ? Il est vrai qu'à la même époque et sans esprit de fraude, car aucun profit supplémentaire ne résultait de l'opération, les maîtres de chai d'un célébrissime château du Médoc n'hésitaient pas, les mauvaises années, à **bonifier** la récolte en « l'Hermitageant », c'est-à-dire en lui adjoignant un peu de ce robuste vin de la vallée du Rhône, **moins sujet que le premier aux aléas d'un été pourri**.

Réussir en val de Loire une vendange tardive tient parfois de l'exploit et la différence est considérable d'un millésime et d'un domaine à l'autre, mais les très beaux Anjous liquoreux, **soutenus** jusqu'à leur fin dernière par l'acidité du chenin, ne cesseront pas de nous étonner et de nous ravir, vieillards intrépides chez qui une discrète **amertume** corrige la tendresse, tandis que les vins de Barsac ou de Sauternes, plus policés et convenus, **alanguis** et glorieux, ne **suscitent** parfois qu'une respectueuse approbation, limitant alors leur usage à un seul et bien petit verre, **fût-il** de cristal. Aimer **ne se résume pas à** consommer et consentir, diront certains ; **Chateaubriand**, aux pieds de Mme Récamier, les **eût approuvés**. **Quoi qu'il en soit**, les grands Bordeaux sont admirables, les grands Anjous, l'exception, **ce qui vaut aux seconds d'être davantage à l'honneur dans cet ouvrage de parti pris**.

commune the smallest administrative division in France

soumises à subject to

coing quince

à mon avis in my opinion

cueillir pick, gather

rôtis et desséchés roasted and shriveled

canicule heat wave

pourriture noble noble rot, the infection of white grapes with a benevolent fungus (*Botrytis cinerea*) that increases their sugar content

brouillards fogs

ne gonfle et se gorge de sucre swells and gorges itself with sugar

« passerillage » a grape-drying process that increases sugar concentration

à cela près que except that

Angevin person from the Anjou region of France

tri selection, sorting out

soleil de plomb scorching hot sun

tant s'en faut far from it

goût taste, flavor

épanouissement blossoming, opening up

dont il s'agit being discussed here

liée tied

infime tiny

ne pouvait qu'occasionner could only bring about

ne dépassa pas did not exceed

Du village de Chaume à Rochefort-sur-Loire, dont le seigneur se réservait depuis un temps immémorial le meilleur quart de la production, d'où le mot : Quarts-de-Chaume, à celui de Bonnezeaux dans la **commune** de Thouarcé, la distance est insignifiante, mais entre les deux appellations, **soumises à** un rendement très faible, plantées exclusivement en chenin sur des schistes abrupts, les nuances sont notables : à la finesse exquise, à la suavité du Quarts-de-Chaume, répond la richesse, plus complexe encore, de l'autre ; au **coing** et à l'acacia, le miel et l'abricot. Jean Baumard, au logis de La Giraudière à Rochefort, est aussi connu que le sont Jacques Boivin et, à présent, Gaston Lenôtre, au château de Fesles, à Thouarcé. Le vin le plus extraordinaire de 1990 ne provient pourtant pas de ces deux illustres caves, **à mon avis**. On le doit à un modeste viticulteur de Bonnezeaux qui eut au début de septembre, le 7, exactement, la géniale et peu orthodoxe idée de **cueillir** à part les grains déjà **rôtis et desséchés** par la **canicule**, au lieu d'attendre comme ses confrères que sous l'effet de la **pourriture noble**, favorisée par les premiers **brouillards** d'octobre, l'ensemble de la vendange **ne gonfle et se gorge de sucre**. Ainsi sont élaborés par un identique « **passerillage** » certains superbes vins d'Allemagne, d'Autriche et de Hongrie, **à cela près que**, là-bas, le temps de la récolte se situe en hiver et que, dans le cas présent, notre **Angevin** effectuait son premier **tri** sous un **soleil de plomb**. Si l'on aboutit dans tous les cas à une production de vins liquoreux, chargés de sucres qui ne parviennent pas à se transformer complètement en alcool, la philosophie n'est pas la même, **tant s'en faut**, et la différence au **goût** éclate vite entre l'**épanouissement** ostentatoire des vins issus de la pourriture noble et la réduction des autres à leur essence, par une sublime dessiccation.

Cette concentration des matières dans le Bonnezeaux **dont il s'agit**, liée à un rendement **infime**, **ne pouvait qu'occasionner** de sérieuses difficultés techniques : après plusieurs mois d'une fermentation capricieuse, l'alcool acquis **ne dépassa pas** les 13 degrés, laissant en puissance dix autres degrés demeurés à l'état de sucre résiduel ! Personne, à commencer par le viticulteur lui-même,

craignit feared

d'avoir accouché to have given birth to

prêta l'attention qu'il méritait paid the attention it deserved

comme je le fis as I did

sur-le-champ immediately

tablier à carreaux checked apron

***L'Angélus* de Millet** Jean-François Millet's painting showing peasant farmers praying in a field. Millet (1814–1875) was a founder of the Barbizon school of painters.

fis transporter les bouteilles had the bottles transported

habillai dressed, labeled

étiquette label

Pour faire bon poids, bonne mesure For good measure

nombre d'or golden ratio

aller un peu vite en besogne going a little fast

la moindre chance the slightest chance

Quant à As for

je n'y songe pas I wouldn't dream of it

se renouveler take place again

Ancien Régime political system in France before the 1789 French Revolution

en aval de downstream from

bretonne Breton, belonging to the French region of Brittany

Duché indépendant Brittany was an independent duchy until it was annexed by France in 1532.

douanière customs

d'amont from upstream

néanmoins nevertheless

qui **craignit** longtemps **d'avoir accouché** d'un mouton à cinq pattes et demandait à ses clients s'ils voulaient goûter son « super » ou s'en tenir à « l'ordinaire », personne ne **prêta l'attention qu'il méritait** à ce monstre unique. J'eus la chance, avec un ami anglais de passage, de me rendre en temps voulu sur les lieux, alerté par une âme charitable qui ne prit pas, **comme je le fis**, le risque d'acheter le stock **sur-le-champ** : 1 036 bouteilles, pour être précis. L'Anglais demanda à la mère du vigneron, debout dans un angle de la cuisine où circulaient à leur aise des canards de barbarie et une oie, ses mains posées à plat devant elle sur un **tablier à carreaux**, dans la posture à peu près de la paysanne de *L'Angélus* de **Millet**, ce qu'elle pensait d'un tel trésor. Elle eut la plus jolie des réponses : « Oh, monsieur ! Ça, voyez-vous, ce n'est déjà plus du vin. »

Dès le lendemain matin, je **fis transporter les bouteilles** au château de Goulaine et les **habillai** d'une **étiquette** empruntant le titre : « splendor solis » et le soleil rayonnant à un manuscrit traitant d'alchimie. **Pour faire bon poids, bonne mesure**, l'imprimeur calcula la largeur et la hauteur de l'étiquette en fonction du **nombre d'or** et je ne m'inquiète pas de savoir si ces différentes dispositions influenceront ou non d'éventuels acheteurs, ayant pour intention première de boire le tout, même si, à mon âge, c'est **aller un peu vite en besogne**... Combien de temps, en fait, ce vin pourrait-il tenir ? Un siècle ? Deux siècles ? Aucun des êtres humains nés à ce jour n'aurait alors **la moindre chance** de lui survivre. **Quant à** en divulguer l'origine précise, **je n'y songe pas**, puisqu'on ne voit guère comment une semblable conjonction de circonstances, de phénomènes climatiques et de pure chance pourrait **se renouveler**.

A Ingrandes, sous l'**Ancien Régime**, **en aval d'**Angers, la Loire devenait **bretonne** et, curieuse survivance du temps où le **Duché indépendant** commerçait avec l'étranger en franchise de taxes, sa barrière **douanière** pénalisait les vins **d'amont** au profit de ceux du Pays nantais, financés et contrôlés par les Hollandais. Seuls pouvaient acquitter la taxe d'Ingrandes et rester **néanmoins**

qualifiés called, referred to as

mépris disdain

tangage pitching back and forth (like a boat)

roulis rolling

à défaut de for want of

barriques barrels, casks

plafonds des celliers ceilings of the cellars

houle swell (of the sea)

qu'ils fussent whether they were

tenaient toujours le haut du pavé still had a high social rank

grès sandstone

friable et feuilletée crumbly and layered in sheets

au toucher at the touch

avoir imbibée de miel to have impregnated with honey

corsé full-bodied

cisterciens Cistercian monks

démantelée dismantled

guerres de Religion a series of violent conflicts that took place
from 1562 to 1598 between French Catholics and Protestants

profitables, les meilleurs vins de l'Anjou et de la Touraine, d'où vient pour les désigner l'expression longtemps demeurée en usage de « vins pour la mer », par opposition aux autres, **qualifiés** avec un léger **mépris** de « vins pour Paris ». Les vignerons pensaient aussi que le **tangage** et le **roulis** les bonifiaient, de sorte qu'**à défaut de** les faire voyager, ils suspendaient parfois leurs **barriques** aux **plafonds des celliers** et les faisaient osciller des journées entières à la manière de la **houle**. Un siècle plus tard, les marchands du Nord, **qu'ils fussent** d'Anvers ou d'Amsterdam, de Brême ou de Hambourg, **tenaient toujours le haut du pavé** et les Angevins répliquaient aux acheteurs indécis : « Les prix ne sont pas faits. On attend l'arrivée des Belges »...

C'est non loin d'Ingrandes, sur la rive gauche de la Loire, au sud-ouest d'Angers, que se trouve le terroir de Savennières où se révèlent de la façon la plus raffinée les qualités du chenin, dans une suite de coteaux rocheux perpendiculaires au fleuve, formés de schistes et de **grès** violets d'origine volcanique. Les Hollandais appelaient le chenin : *steenwijn*, le vin de pierre, pierre de schiste, froide, **friable et feuilletée**, qu'un aveugle reconnaîtrait **au toucher** et qu'au travers du vin le soleil semble **avoir imbibée de miel**. A Savennières, il est sec et **corsé**, à boire dans l'année pour en privilégier le fruit, ou bien après quelques années de purgatoire, de repli sur lui-même, pour apprécier les arômes secondaires et les sauveurs qui accompagnent sa « re-naissance ». Les clos du Papillon et de Saint-Yves, de la Roche-aux-Moines, le château d'Epiré, en sont les principaux ornements.

La perle des perles, cependant, demeure la Coulée de Serrant, propriété exclusive de la famille Joly, qui constitue une appellation contrôlée distincte, de sept hectares seulement, l'une des plus petites de France, avec le château Grillet dans la vallée du Rhône. La Coulée fut plantée au douzième siècle par les **cisterciens** et est restée en vigne depuis. Trois bâtiments y furent édifiés au fil du temps : le château de la Roche-aux-Moines, une forteresse dominant la Loire, **démantelée** par ordre royal au moment des **guerres de Religion**, sous laquelle le prince Louis, fils de Philippe-

défit defeated

étroite narrow
encastré built in, embedded
butte hillock
se voit à peine is barely visible
conçu conceived
hobereaux country squires
souterrains underground passages
à part except for

puits well
empruntera will take (a path)
Alyscamps an ancient Roman burial ground located just outside
   of the town of Arles

resserrés confined
à son aise at his leisure
s'enraciner take root
pèlerin pilgrim
assoiffé thirsty
volontiers willingly, gladly

Prenez la peine de Go to the trouble of
immuable unchanging

tiges stems

mûrit matures, ages
y élira aussitôt domicile will take up residence there immediately

Auguste, **défit** Jean sans Terre, pendant que son père gagnait la bataille de Bouvines ; une aimable demeure du dix-huitième où sont les caves de l'exploitation ; enfin, gardant l'**étroite** entrée de la Coulée et si bien **encastré** dedans que du haut de la **butte** il **se voit à peine**, l'ancien monastère abandonné par les moines au quinzième siècle et transformé en un logis civil, **conçu**, me semble-t-il, à l'usage de **hobereaux** discrets et réfléchis. Les constructions communiquent entre elles par un réseau de **souterrains** vrais ou légendaires, dont les accès et les galeries ne sont plus connus, **à part** ceux qui servent de chais à l'habitation principale.

Je conseille au visiteur d'arrêter son automobile en bas, à proximité du logis Renaissance, et de monter à pied, soufflant un peu, l'étroit chemin qui le conduira au château du dix-huitième ; il en fera le tour, passera entre le **puits** et le magnolia, puis **empruntera** la longue allée de cyprès, parallèle aux ruines de la forteresse et à la Loire. Au bout de ces **Alyscamps** angevins—des morts y furent enterrés, comme l'indique un sarcophage récemment exhumé—il découvrira dans sa totalité l'un des plus beaux vignobles qui soit, inséparable du paysage, macrocosme en réduction, l'un de ces endroits rares et **resserrés** où l'homme peut **à son aise s'enraciner**, tout en observant le mouvement des planètes et la gloire du soleil. Après quoi, notre **pèlerin**, un peu **assoiffé** par le rude exercice, fera demi-tour sans hâte excessive et se présentera à l'accueil. Nicolas Joly le recevra **volontiers**.

Prenez la peine de l'entendre. Il vous parlera de la dérive des constellations par rapport à l'**immuable** calendrier des astrologues ; des quatre éléments qui conditionnent notre existence, forces descendantes de la gravité, forces ascensionnelles de la lumière et de la chaleur, à l'exemple des végétaux, attirés vers le bas par leurs racines, aspirés vers le haut par leurs **tiges** ; du sol « miroir du cosmos » et de l'eau « à l'écoute des astres » ; des formes arrondies ou sphériques qui sont caractéristiques des lieux de prière et aussi de la barrique où **mûrit** le vin (« mettez une barrique vide près de la niche d'un chien, il **y élira aussitôt domicile**, de préférence à sa maison carrée »). Nicolas Joly a le mérite de vivre et d'agir comme

se consacrer   devote himself

étendue   spread
grossière   crude, simplistic, rude
démarche   approach, method

navire en perdition   ship in distress

confier   entrust

proscrire   proscribe, ban
désherbage   weeding

engrais chimiques   chemical fertilizers

levurage   addition of yeast
débourbage   removal of deposits
orties   nettles
sève   sap
sécheresse   drought, dryness
délayée   diluted

ruine prochaine   impending ruin
peinant   struggling, toiling
affligeante   distressing
désormais   in the future, henceforth
non des moindres   not the least important ones

est de bon ton   sounds good, is in fashion

il pense et cet ancien diplômé d'université américaine, formé à l'école de la banque, a tout abandonné pour **se consacrer** à une forme de viticulture qu'on pourrait qualifier de platonicienne, inspirée de la biodynamie qui fut, elle, imaginée au début du siècle par Rudolf Steiner en Allemagne et en Suisse, puis rapidement **étendue** à bien d'autres pays. Ce serait une erreur **grossière**, et offensant, d'assimiler sa **démarche** à celle des écologistes, dont l'absence de filiation spirituelle, l'incompétence et l'inculture, l'agitation, comparable à celle des rats courant en désordre sur un **navire en perdition**, laissent mal augurer de leur capacité à reconstruire le temple. Comme le disait un sage à propos de la guerre et des militaires qui la font, la nature est une chose trop sérieuse pour la **confier** aux écologistes.

Libre à vous de douter en écoutant le responsable de la Coulée de Serrant vous expliquer qu'il faut **proscrire** le **désherbage** et la désinfection des vignes qui appauvrissent le sol, les pesticides, les **engrais chimiques**—foliaires en particulier—qui nourrissent la plante artificiellement et la rendent inapte à se procurer par elle-même les éléments nécessaires à sa survie ; que le vin se fait dehors et non dans le cellier par des artifices de **levurage**, de **débourbage** et de passage au froid. Libre à vous de sourire en apprenant qu'une « soupe aux **orties** » stimulera les défenses naturelles du cep et favorisera la circulation de la **sève** en période de **sécheresse**, que la poudre de quartz **délayée** dans une quantité d'eau appropriée et pulvérisée sur les feuilles compensera un ensoleillement insuffisant, car cette poudre, agissant comme mille milliards de microscopiques miroirs, concentrera la lumière et la chaleur. Libre à vous de ne pas croire à la **ruine prochaine** des viticulteurs français, **peinant** à vendre des vins que leur **affligeante** et grandissante uniformité—ni bons ni mauvais—ne protège plus **désormais** de la concurrence internationale. D'autres producteurs et **non des moindres** ont fait la même analyse : à Vouvray, en Bourgogne et dans la vallée du Rhône ; en Allemagne, où ces vignerons solaires, partisans de la biodynamie, suscitent un vif intérêt de la part des instances professionnelles, alors qu'il **est de bon ton** de les traiter en

doux farceurs gentle jokers
énergumènes fanatics, overstrung people

voleront à leur secours will fly to their help
à la portée within reach

autant matériel que spirituel as material as it is spiritual
louer praise

qu'il le soit that it is (good)
déshabitue breaks us of the habit

lutins imps
pénombre half-light, darkness

tenues holdings
maraîchères market gardening
lotisseurs developers
joyau jewel

pourvue supplied

sont passés de goût have fallen out of taste, out of fashion
sans que l'on sache without one knowing
jouissaient de enjoyed

France de **doux farceurs** ou de dangereux **énergumènes**, et l'on ne peut tout de même pas espérer que les marchands d'engrais et les fabricants de produits chimiques **voleront à leur secours**. Est-ce à dire que l'exemple de la Coulée de Serrant est **à la portée** de chacun ? Non, pour qui prétend se plier aux simples lois du marché, faire du vin pour plaire et s'enrichir sans cause. Oui, si l'adepte—j'emploie le mot à dessein—veut préserver sa différence et rechercher une forme d'accomplissement dont il tirera d'ailleurs un profit **autant matériel que spirituel**. La « Coulée de Serrant 1992 » a obtenu du très sérieux *Guide Hachette des Vins* la plus haute distinction : trois étoiles. Comment ne pas **louer** ce vin, long et fin, austère et lumineux, à boire en quelque sorte au second degré, car l'essentiel n'est pas que nous le trouvions bon, mais **qu'il le soit** et qu'il nous **déshabitue** des produits flatteurs auxquels notre époque nous renvoie trop souvent.

En me raccompagnant jusqu'à ma voiture, Nicolas Joly me dit encore que les gnomes, les elfes, les **lutins**, ces êtres de contrejour et de **pénombre**, ne dansaient plus dans les vignes désherbées.

Au Moyen Age, bien des vignobles renommés se trouvaient à proximité immédiate des villes. L'urbanisation les en a chassés, comme le sont, de nos jours, les **tenues maraîchères** par les **lotisseurs**. Vers 1500, le vignoble de La Quinte et son **joyau** : le cru de Saint-Barthélemy passaient pour être très supérieurs aux meilleurs coteaux du Layon et les amateurs continuèrent d'en juger ainsi jusqu'à la fin de l'Ancien Régime. Roger Dion, dans son *Histoire de la vigne et du vin en France* cite un poète du temps de François Ier qui « après avoir loué la ville d'Angers d'être **pourvue**

« de vins blancs excellemment »

lui attribue entre autres titres de gloire :

« une espèce de vin distincte

... appelée vin de Quinte ».

D'autres terroirs ont disparu ou **sont passés de goût** en l'espace de quelques décennies, **sans que l'on sache** trop pourquoi. Entre les deux guerres, les coteaux angevins de Brézé **jouissaient**

dégoûté disgusted

arrache is pulling up, tearing out

parcelle plot of land

en friche fallow

courses à pied running races

rime de près rhymes closely

traîne comme une casserole *in effect*: is forever stuck with

rabâchée repeated over and over again

Curnonsky pen name of Maurice Edmond Sailland (1872–1956), France's most celebrated 20th-century writer on gastronomy

truculent colorful

maniant handling, manipulating

veut que has it that

Alphonse Allais (1854–1905) French writer and humorist, best known for his "holorhymes," ingenious poems that contain verses in which entire lines rhyme

« cur non sky » "why not sky?", from the Latin *cur* + *non* ("why not?") and the Russian onomastic suffix "-*sky*"

fondèrent founded

prieuré priory

livrer deliver

cabaretiers term for wine and food merchants in former days, anachronistic in the same sense as "tavern owner"

étalages displays

harnais de gueule *here*: provisions, foodstuffs

fondis hole in the wall

rameau de verdure branch of greenery

Ronsard Pierre de Ronsard (1524–1585), French "prince of poets"

vanta praised

Loir a river in western France, not to be confused with the Loire

d'une extraordinaire réputation, notamment ceux qui provenaient de la butte du château et ceux du clos des Carmes, dont les moines de l'abbaye du Mont-Saint-Michel se servaient pour célébrer leurs messes et que son actuel propriétaire, brouillé avec l'administration des appellations contrôlées et **dégoûté** du métier, **arrache parcelle** après parcelle, organisant le long de ses derniers rangs de vigne **en friche** des **courses à pied**, très appréciées des jeunes filles du village, quand il ne s'adonne pas aux joies du parachutisme.

Et que reste-t-il de l'antique vignoble de Jasnières, aux confins de la Sarthe et du Vendômois ? Jasnières qui **rime de près** avec hier et **traîne comme une casserole** la phrase indéfiniment **rabâchée** de **Curnonsky** : « Trois fois par siècle, le Jasnières est le plus grand vin blanc du monde », car le prince des gastronomes s'est bien gardé de porter un jugement sur les autres millésimes. Maurice Sailland était un personnage **truculent**, **maniant** avec une égale autorité la plume d'une main, la fourchette de l'autre, et la tradition **veut qu'Alphonse Allais** lui ait indirectement suggéré son pseudonyme à la veille de la Première Guerre mondiale en le convainquant que, la mode étant à l'amitié franco-russe, tout ce qui terminerait par « sky » aurait les faveurs du public... Notre Angevin, bon latiniste, médita la chose et finit par déclarer : « **cur non sky ?** » L'antiquité de ce vignoble est certaine. Des moines **fondèrent** au neuvième siècle, près de Marçon, le monastère de Saint-Lézin et leur **prieuré**, à la requête de l'abbé de Saint-Julien de Tours, devait lui **livrer** une partie de la récolte. Rabelais dans son *Pantagruel* écrit que La Chartre-sur-le-Loir était « encombrée de marchands de vin à pot renversé » et ne comptait pas moins de « vingt-sept **cabaretiers** ayant monstres et **étalages** de jambons d'antiquailles, saumates, déifiques, saugrenés et autres **harnais de gueule** »... « en cette plaisante région, le moindre **fondis** avait son émoucheau » (**rameau de verdure** indiquant qu'on y vendait du vin au détail). Au siècle suivant, Pierre Le Loyer, seigneur de La Brosse, poète angevin et ami de **Ronsard**, **vanta** à son tour les vins de cette petite vallée du **Loir** qui serpente entre les hameaux de Ruillé, Lhomme, Beaumont-sur-Dême, Chahaignes, Dissay et Marçon. Il

au demeurant after all
entiché infatuated
maléfices evil spells
procès de sorcellerie witchcraft trials

loups-garous werewolves
se déroulèrent unfolded
aux alentours in the vicinity
à grand renfort de with a great deal of

manigances tricks, schemes

pentes slopes
figé congealed, solidified
bleutée bluish

morne gloomy, dismal

épouvantails scarecrows
sansonnets starlings
mégot cigarette butt
casser une croûte to have a light meal; *literally*: to break a crust of
   bread

beaucerons inhabitants of the French region of Beauce

noyers walnut trees
creusés à flanc de coteaux hollowed out in the hillsides

pentus et cailouteux sloping and stony

était, **au demeurant**, **entiché** de démonographie, croyait aux **maléfices**, aux apparitions surnaturelles ; conseiller du présidial d'Angers, il instruisit de nombreux **procès de sorcellerie**, se montrant aussi superstitieux qu'impitoyable, confondant allégrement les lieux et les époques, les mythes et les civilisations, traitant les dieux de la fable de démons, les faunes et les nymphes, de sorciers et de **loups-garous**, persuadé, au bout du compte, qu'entre deux épisodes de la Bible les aventures d'Ulysse **se déroulèrent** en fait **aux alentours** des coteaux de Jasnières, où il situe, **à grand renfort de** preuves irréfutables jusque dans le plus petit détail, la fontaine de Nausicaa, la grotte de Polyphème et les **manigances** de Circé. Tel est, entre mille autres extravagances, le thème de son ouvrage sur la migration des peuples : *Edom ou les colonies iduméanes en Asie et en Europe.*

La vallée du Loir, ses vallons adjacents, leurs coteaux crayeux, leurs **pentes** et leurs bois, composent, loin des grands axes de circulation, un paysage anachronique, à la fois morcelé et **figé**, replié sur lui-même, envahi d'une étrange brume **bleutée** au printemps, bénéficiant en été d'un ensoleillement inhabituel, froid et presque continental au cœur de l'hiver. Coexistant avec ce microclimat, une sorte de microtemps, favorable aux résurgences, semble influer sur le comportement fataliste des plus vieux vignerons qu'il n'est pas rare d'apercevoir en **morne** contemplation au milieu de leurs vignes, midi passé depuis longtemps, plus immobiles que des **épouvantails** à **sansonnets**, la casquette de travers, un **mégot** éteint au bord de leurs lèvres, portant barbe de trois jours, ne sachant s'ils doivent se remettre à l'ouvrage ou rentrer chez eux **casser une croûte** incertaine. A moins de deux heures de Paris, ces paysans ressemblent davantage à ceux des Zurdes dans l'Estrémadure espagnole qu'à leurs voisins, **beaucerons** ou tourangeaux. Ce sont les mêmes que l'on retrouvera, à l'heure où le soleil décline entre les vieux **noyers** et les châtaigniers, officiant au plus profond de leurs « caviers » **creusés à flanc de coteaux** dans une craie tendre, dont la décomposition en argiles à silex donne, au-dessus, les meilleurs sols à vignes, **pentus et caillouteux**, acides et arides. Les basses

fûts barrels

s'attendre à expect to
ferrailleur scrap metal merchant
chiffonnier rag picker, second-hand dealer
l'accueil qui prévaut the welcome that prevails
égards attention, consideration

naguère not long ago
guignolets ou picons cherry liqueurs or orange-based apéritifs
formats si disparates such dissimilar sizes
enterrent bury
couches layers
d'où n'émergent que les goulots from which only the necks
    emerge
canif penknife
gangue material in which ore is found
évitant avoiding
suintant oozing, sweating
la plupart d'entre eux the majority of them

rechignant à balking at
alvéole cavity

comme il sied à as it befits

aubépine hawthorn
s'adoucit grows softer

superficie area, surface

main-d'œuvre labor, manpower
escarpées steep

températures, une humidité permanente, retardent la fermentation des vins en **fûts**, assurant une incomparable longévité aux bouteilles des grandes années. Il ne faut pas **s'attendre à** trouver dans ces galeries sinueuses, encombrées d'un bric-à-brac de **ferrailleur** ou de **chiffonnier, l'accueil qui prévaut** à Chinon et à Vouvray, où les touristes ont droit aux mêmes **égards** et commodités que les visiteurs des châteaux. Un verre unique, passé à la ronde et préalablement rincé au vin même, fera l'affaire. Quant aux bouteilles, elles sont le plus souvent de récupération et peuvent avoir contenu auparavant n'importe quel liquide alcoolisé, depuis les produits du cru jusqu'à des portos, du pastis, des apéritifs **naguère** en vogue : **guignolets ou picons**. Ne pouvant empiler sans risque de casse des flacons aux **formats si disparates**, les vignerons de l'ancienne école les **enterrent** dans des **couches** successives de craie pilée **d'où n'émergent que les goulots**, et c'est à la pointe d'un **canif** qu'il convient d'extraire de leur **gangue** blanchâtre et solidifiée les bouteilles choisies en **évitant**, s'il se peut, les « couleuses », **suintant** goutte à goutte au fil des ans—version locale de la « part des anges » que les gens du cognac acceptent avec philosophie. Le meilleur et le moins bon se rencontrent chez ces viticulteurs amateurs ; **la plupart d'entre eux** exercent d'autres métiers : artisans, ouvriers ou employés, produisant d'abord pour leur consommation personnelle et **rechignant à** déloger de son **alvéole** une bouteille qui ne serait pas bue sur place... Le meilleur est d'une exquise subtilité, sec et souvent vert, les premiers temps, **comme il sied à** tant de chenins ; en vieillissant, un siècle ou plus, ce « plus jeune des vins vieux » acquiert une robe jaune d'or, prend un nez d'**aubépine**, un goût de pêche et **s'adoucit**, même s'il ne devient pas, à proprement parler, liquoreux, sinon, sous l'influence de la pourriture noble, dans de rares années comme 1870, 1893, 1921, 1933, 1947, 1959, 1990.

Presque inchangé en **superficie** depuis le Moyen Age, le vignoble, entièrement détruit par le phylloxéra, fut reconstitué avec les nouveaux plans greffés dès avant 1914 ; il occupait alors une **main-d'œuvre** importante et les pentes les plus **escarpées** se

au pic à deux fers with a two-pronged pick

l'exode rural rural exodus, *i.e.*, movement toward urban centers

comme peau de chagrin in a continually dwindling or shrinking
    manner

imbriquée put into, subsumed

inconditionnels fans, staunch supporters

elle ne prête à confusion avec it lends itself to confusion with

cantonnée confined

mûr aged, mature

complaisant obliging, pleasing

débarqués disembarked

sarthois in the French department of the Sarthe

de quoi passer enough to pass for

règne reigns

fournaise furnace

contenu contents

égaré lost, wandering, led astray

sans pour autant consentir but nevertheless without agreeing

travaillaient **au pic à deux fers**. Par la suite, le vieillissement des vignes, **l'exode rural**, la mécanisation de l'agriculture, le remembrement des communes, n'ont cessé de réduire **comme peau de chagrin** les récoltes, malgré la création en 1937 de l'appellation contrôlée « Jasnières », **imbriquée** dix ans après dans une plus vaste appellation : « Coteaux du Loir », dont les **inconditionnels** regretteront que, par la variété des cépages et des sols autorisés à la produire, **elle ne prête à confusion avec** la vraie merveille, **cantonnée** au clos des Jasnières, au centre d'un coteau exposé plein sud, sur la rive droite du Loir, dans le département de la Sarthe, sur le seul territoire des communes de Lhomme et de Ruillé, ne donnant que du blanc, puisque planté exclusivement en chenin.

A Lhomme, au lieu-dit « Bordebeurre », Gaston Cartereau a pris la succession de son beau-père, Léon Fillâtre, le fondateur de l'appellation. On peut espérer beaucoup de son « 1982 », lorsqu'il sera enfin **mûr** et **complaisant**, et, comme chez ses confrères, le « 1990 » est superbe.

S'il fallait cependant se résigner à un seul choix, j'opterais pour le Jasnières de 1989, dont l'austérité évoque une Coulée de Serrant, vinifié par Bénédicte et Jean-Michel Aubert de Rycke, deux œnologues fraîchement **débarqués** sur ce microcosme **sarthois**, qui ont su en peu d'années, tant à Marçon qu'à Jasnières, se tailler un vaste domaine d'une quinzaine d'hectares, **de quoi passer**, au café-tabac de Marçon, pour les cousins flamands des Rothschild. Leur plus belle parcelle à Jasnières s'appelle « Le paradis », où **règne** au milieu de l'été une chaleur de **fournaise**, car elle se situe dans un repli du coteau. Les Aubert de Rycke viennent de racheter à Roger Cronier son caveau, mais sans le **contenu**, étroitement surveillé par cet individu haut en couleur et retiré des affaires. Il est mieux disposé en fin qu'en début de journée à servir à boire au voyageur **égaré**, **sans pour autant consentir** à lui vendre la moindre bouteille.

Si le muscadet n'a pas sa place dans un ouvrage consacré aux vins rares ou disparus, mention peut être faite d'un type de

canton an administrative and electoral division in France

soucieux concerned, mindful

noces weddings

muet mute

procédé process

après avoir doublé le cerclage after doubling the binding

entonner le moût barrel the must (the grape juice before fermentation)

au ralenti slowly

nulle nonexistent

cacheté à la cire sealed with wax

déçu disappointed

personne ne l'avait entendu chanter no one had heard it sing

pression pressure

bouilloire kettle

obturé le bec put a stopper in the spout

tâche task

lubies whims, fads

levures yeasts

afin de leur apporter in order to provide them with

charpente framework, structure

ne font en réalité qu'alourdir et dénaturer in reality only make heavier and less natural

vinification que pratiquaient encore, au lendemain de la dernière guerre, quelques vignerons du **canton** de Vertou, **soucieux** d'offrir aux **noces** de leurs enfants ou amis un vin d'exception. Cela s'appelait du « vin **muet** » et le **procédé** consistait, **après avoir doublé le cerclage** par mesure de sécurité, à **entonner le moût** dans une barrique, bonder celle-ci hermétiquement et l'enterrer aussitôt. La fermentation se prolongeait ainsi pendant des mois **au ralenti**, les arômes se concentraient, l'oxydation était **nulle**, de sorte qu'embouteillé un an ou deux après et **cacheté à la cire** ce très spécial muscadet gardait sa fraîcheur un quart de siècle et plus et l'on était seulement **déçu** de constater qu'à tant de jeunesse et de bouquet ne répondait pas un corps de semblable amplitude. « Vin muet », il était, puisque **personne ne l'avait entendu chanter** du fond de sa prison au temps de sa lente et imperceptible fermentation. Le dernier artisan du vin muet est mort dans un grand âge, incapable d'expliquer tant d'années après pourquoi le fût n'explosait pas sous la **pression** des gaz comme une **bouilloire** dont on aurait **obturé le bec**, ni, d'ailleurs, par quel miracle les ferments accomplissaient leur **tâche** dans un espace aussi confiné. Quoi qu'il en soit, un tel procédé semble à priori plus pertinent que les affligeantes **lubies** commerciales de certains viticulteurs ou négociants du Pays nantais qui utilisent des **levures** aromatiques pour donner à leurs muscadets un parfum de sauvignon ou les vinifient dans des fûts neufs **afin de leur apporter** un supplément de **charpente** à l'imitation du chardonnay et **ne font en réalité qu'alourdir et dénaturer** le plus charmant, le plus sincère, des vins légers.

LIN·GUAL·I·TY™
presents

Robert de Goulaine
author of

Le Dernier Ange

in an interview conducted by
Gerald Honigsblum Ph.D.

Studios Coppelia, Paris

Transcribed and Annotated by
Gerald Honigsblum Ph.D.

signe *here:* authors

tiré taken

disparus vanished

tardivement belatedly

attendus expected

château de Goulaine Known as the last château of the Loire, Goulaine is the westernmost of the Loire castles and just 20 minutes from the TGV train station in Nantes, itself two hours from Paris. It is located in the town of Haute-Goulaine, next to Basse-Goulaine, near the Goulaine River, and on the edge of the Marshes of Goulaine, a wildlife preserve protected by the European Union. Its entrance tower is the home of the Chevaliers Bretvins, an international vintners' association. The main building is in Renaissance style. The former 17th-century stables house the LU Museum, and the tropical butterfly farm is the oldest example in Europe. The gardens *à la française* blend in with the Muscadet vineyards. The historical preservation and restoration efforts come under the aegis of Les Amis de Goulaine, presided over by your series editor. For a virtual visit, go to *www.chateau.goulaine.online.fr*.

haut lieu hub

Nantes major French city and gateway to Brittany. It has recently restored to its former splendor the château des Ducs de Bretagne. The Nantes metropolitan area is the fastest-growing region in France.

franco-française authentically, traditionally French

NB *The numbers in the left-hand margins on the opposite pages denote corresponding track numbers on the interview CD.*

Mesdames, messieurs, bonjour, Gerald Honigsblum au micro. Nous sommes heureux de vous rejoindre de Paris pour l'entretien N° 4 dans votre série, Linguality. Merci de votre fidélité et des témoignages que vous nous communiquez suite à la lecture des œuvres que nous avons l'honneur de vous faire découvrir.

Aujourd'hui, j'ai l'immense plaisir d'accueillir et de vous présenter Robert de Goulaine, qui tout d'abord **signe** aux Editions du Rocher le roman qui vient de vous parvenir, *Le Dernier Ange,* et qui signe également ce chapitre délicieux « La Loire secrète », **tiré** d'un autre ouvrage paru aux éditions Bartillat, à savoir, *Le Livre des Vins rares ou **disparus**.*

— *Robert de Goulaine, bonjour.* [bonjour]. *Vous êtes d'abord un écrivain que le lecteur étranger découvre **tardivement**, alors que vous avez publié de nombreux titres en France et que d'autres sont **attendus** prochainement. Vous êtes également le marquis de Goulaine, propriétaire et surtout restaurateur du très beau **château de Goulaine**, un **haut lieu** littéraire – j'aime…j'ai l'habitude de le dire – à proximité de* **Nantes,** *une capitale littéraire. Et vous êtes l'héritier d'une longue tradition* **franco-française**, *et pourtant votre histoire, votre identité, votre carrière dépassent de loin les contours de l'Hexagone. Qui donc, pour l'essentiel, est Robert de Goulaine ?*

mongol Robert de Goulaine boasts of a rich genealogy with family branches all over Europe, and from as far away as Mongolia where his ties exist as well.

mille ans Except for a relatively short period (1788–1858), the château de Goulaine has remained in the Goulaine family for 1,000 years.

éphémère ephemeral. The symbol of the ephemeral is the butterfly, a creature that lives about ten days and expresses all forms of aesthetics without uttering a word, the sense of which one gets in the Goulaine tropical butterfly farm.

montreur exhibitor, in the sense of demonstrator and show-and-tell

aux Etats-Unis in the United States, but by no means exclusively, as Linguality readers live on all continents

à mi-distance midway

porte-parole spokesman

j'estime I hold in esteem

tant....que as much…as

dictons sayings

bonne chère fine food

plateau de dégustation sampling tray

points de repère points of reference

Je mets ça sur le compte de I attribute that to

— Ce sont toujours les réponses qui sont les plus difficiles…pas les questions, mais, je vous dirai que je ne suis pas du tout franco-français. Peut-être parce que ma famille est de très longue date très internationale. Je parle le français et l'anglais de la même manière. Je parle aussi l'espagnol, ma femme est allemande, ma belle-fille est équatorienne, j'ai du sang **mongol**, et par conséquent tout ça me donne le goût des autres, le goût des autres pays, et en même temps, vous parliez de cette longue tradition…de Goulaine, c'est vrai que le château de Goulaine est dans ma famille depuis **mille ans**, ce qui est une sorte de record, mais en même temps je me passionne pour l'**éphémère**, et je suis un **montreur** de papillons. Et puis si j'étais aux Etats-Unis, et puisque ce livre a vocation à être connu **aux Etats-Unis**, je vous dirais que d'être le marquis de Goulaine, qu'est-ce que ça veut dire que d'être un marquis, et bien, c'est **à mi-distance** entre Duke Ellington et Count Basie.

②   *— Cher Robert, merci pour cet autoportrait que je prends toujours plaisir à redécouvrir. Vous savez combien je suis admiratif de l'aventure Goulaine. Or, je vous ai d'abord connu pour votre œuvre littéraire et c'est aujourd'hui le cœur du sujet et en particulier le roman que **j'estime tant** pour sa thématique **que** pour son style,* Le Dernier Ange, *paru en 1992, puis dans une toute nouvelle édition, aux Editions du Rocher. C'est un ouvrage plein d'enseignement sur la condition humaine et plein de **dictons** sur l'amour et l'amitié, sur le vin et la **bonne chère**, sur la musique et surtout le jazz, sur votre pays de la Loire (que vous ne nommez pourtant jamais), bref un beau **plateau de dégustation**. J'ai relu* Le Dernier Ange, *vous savez que je n'ai nul besoin de vous flatter, Robert, et si je disais que c'était un microcosme de la* Comédie Divine *de Dante, que diriez-vous ? Le mot, les mots plutôt,* enfer, purgatoire, paradis, *ici-bas sont des **points de repère** stratégiques dans votre livre.*

— D'abord, je voudrais vous dire que parler de Dante à propos de mon petit livre, comment ne serais-je pas infiniment flatté ? **Je mets ça sur le compte de** l'amitié que vous avez la gentillesse de me porter. Mais vous avez raison de dire que enfer, purgatoire, paradis

îles islands. The author, an expert on island life, is preparing a book on island wines.

je m'en accommode pareillement I can adapt to both equally well

cloison wall

mince thin

en se bousculant by jostling

tout à fait altogether

en soi in and of itself

plaie plague

dédié dedicated

qu'on glisse that one lets drop

qui me frappe that I notice

ou...ou either...or

sont des points de repère dans ce livre…parce que, c'est un peu comme les **îles,** vous savez, tout peut être à la fois enfer, purgatoire, ou paradis ; finalement, ce qu'il y a d'ennuyeux, c'est le purgatoire. Mais l'enfer et le paradis, **je m'en accommode pareillement,** et je pense que la cloison qui sépare l'enfer du paradis est une **cloison** extrêmement **mince,** et que quelques fois, **en se bousculant** un peu, on passe de l'un à l'autre sans même s'en rendre compte.

③   *— Eh bien, rentrons dans votre texte, Robert. Avez-vous connu votre héros, Alban, vous ne l'avez quand même pas **tout à fait** inventé ? Je retiens surtout cette belle phrase qui résume Alban. Je cite « Les gens ne supportent pas la différence et ce n'est pas une question d'argent : ils la trouvent injuste **en soi,** c'est la **plaie** de notre siècle. » C'est un passage clé, n'est-ce pas ?*

    — Oui, vous me demandiez si j'avais inventé le personnage d'Alban. Oui…non, je l'ai vraiment inventé. C'est vrai qu'il y a toujours un petit point de départ, une image quelques fois qui reste en mémoire, et j'ai **dédié** ce livre à un certain Georges Noël qui est mort tragiquement tout jeune. Et c'est vrai qu'il y a un peu du personnage d'Alban dans cet ami à moi, Georges Noël, mais je crois que, là où on met le plus de soi-même, en tout cas si c'est un vrai livre de littérature, si c'est de la fiction, si ça mérite le titre de roman – et malheureusement trop de livres aujourd'hui s'intitulent roman qui n'ont rien du roman – eh bien, ce sont ces petites phrases **qu'on glisse** à propos de ceci ou de cela, effectivement, sur le bonheur, sur la mort, sur plein d'autres choses, et c'est pour ça finalement qu'on écrit ce livre. Vous me disiez…vous citiez cette phrase de moi sur la différence, et c'est vrai que c'est quelque chose **qui me frappe** beaucoup parce que aujourd'hui, effectivement, si vous êtes différent ça veut dire, dans l'esprit des gens, et on pense dans votre propre esprit, que vous êtes **ou** supérieur **ou** inférieur à l'autre, ce qui est absurde. Et, par conséquent, si vous ne voulez pas passer pour raciste, au sens intellectuel et plus général du mot, tout le monde doit être pareil, les femmes doivent ressembler aux hommes, les

vexer upset

pays nantais the area around Nantes, in western France

vive *here:* fast moving

Pont Mirabeau Paris bridge that connects the 16th and 15th arrondissements. It was made famous in the poem of the same name by Guillaume Apollinaire. Compare the poet's celebrated verse (end of the poem) with Goulaine's prose:

> Passent les jours et passent les semaines
> Ni temps passé
> Ni les amours reviennent
> Sous le pont Mirabeau coule la Seine
>
> Vienne la nuit sonne l'heure
> Les jours s'en vont je demeure

château de la Loire The spectacular châteaux of the Loire have long been high on the list of French tourist destinations. Among the most famous are Chambord, Chenonceau, Amboise, Blois, and Villandry.

tuffeau local limestone, used in construction

s'y retrouver find his place

allier combine

lobes de foie lobes of liver

fond de sauce reduction sauce

distraitement absent-mindedly

récolte harvest

déçoit disappoints

bouleverse distresses

amertume bitterness taint

douceur sweetness

confondues combined

hommes aux femmes, les vieux aux jeunes, les jeunes aux vieux, et les gens devraient avoir des yeux bleus-bruns ou bruns-bleus de manière à ne **vexer** personne, alors que justement cette différence, c'est ce qui est le plus fascinant chez l'autre, et c'est ce qui crée du respect et qui à aucun moment ne nous met ni au-dessus ni en-dessous de l'autre.

④ — *Vos nouveaux lecteurs seront particulièrement sensibles aux allusions à la Loire et au **pays nantais**, que vous ne nommez pas non plus. Et là, je cite : « La rive d'un fleuve est un espace privilégié où l'arôme de la vie est plus subtil qu'ailleurs. Passe l'eau, **vive** et lente à la fois. Passe le temps. » Comme j'aime ces échos du « **Pont Mirabeau** » d'Apollinaire. Que représente vraiment la Loire pour vous ?*

— Ah, c'est quand même le fleuve magique, le plus beau fleuve de France, qui coule d'est en ouest, d'ailleurs, je pense comme la destinée, entre le soleil levant et le soleil couchant. Et puis, ce fleuve est à la fois majestueux, vif, et parfois presque immobile. Je suis un homme de la Loire. Goulaine, le château de Goulaine, qui est donc dans ma famille depuis si longtemps, est un **château de la Loire,** et j'en suis très fier, et je pense que c'est un merveilleux passeport dans le monde entier, parce que…à la fois pour ses vins, et pour ces châteaux, pour sa lumière, pour ses jardins, pour cette pierre blanche du **tuffeau** qui est incomparablement lumineuse. Eh bien, la Loire est unique et tout le monde aime la Loire. Tout le monde peut **s'y retrouver.**

⑤ — *Dans cette même partie de votre roman, vous nous invitez à table avec vos personnages. Donnez-nous donc l'adresse de cette auberge où, et je cite, « il est difficile d'**allier** tant de naturel à tant de saveur. Les **lobes de foie** enrobés d'une gelée exquise, le coq au vin dont le **fond de sauce** gardait intacte sa consistance initiale. » Et puis, un peu plus loin, « Quant aux vins de ces terroirs, ils avaient depuis longtemps sa préférence : le rouge, léger ou profond selon les années ; le blanc surtout, qui se boit **distraitement** après la récolte, qui **déçoit** ensuite, et **bouleverse** bien plus tard, lorsque, achevant son parcours, il meurt debout, **amertume** et **douceur confondues**. Quand je dis que votre*

221

Belges Belgians

à jeun on an empty stomach
Pierre Androuët celebrated cheesemaker, vendor, and cheese encyclopedist

Tu n'as pas une petite faim ? Care for a bite?
déboucher open up (bottle of wine)

« et la grâce plus belle encore que la beauté » and grace even more beautiful than beauty, a line from a poem titled *Adonis* (1658) by Jean de La Fontaine (1621–1695), the famous French fabulist who was also a widely read 17th-century poet. The poem was dedicated to Fouquet, Louis XIV's finance minister. The analogy here is that Loire wines possess a gracefulness the more touted wines of Bordeaux and Burgundy cannot claim.
le restant the remainder

livre est un plateau de dégustation, je n'invente rien. Quel rôle joue pour vous, justement, le goût ?

— Ah, le goût, le goût, vous savez, c'est le goût de la vie, c'est le goût des choses, c'est le goût de la bonne nourriture, et…j'ai beaucoup d'amitié pour les **Belges**, vous me direz que vient faire la Belgique dans cette histoire, mais si, je vais vous expliquer. J'aime les Belges parce que ils ont l'intelligence de ne jamais faire de la métaphysique **à jeun**. Et donc, il faut d'abord faire un bon repas, boire une bonne bouteille, à l'imitation de mon ami **Pierre Androuët** le fromager, avec qui nous parlions sous la lune, au milieu de la Touraine, donc dans le Val de Loire, de Platon, d'Aristote, et de bien d'autres choses, et qui s'interrompait pour me dire: « **Tu n'as pas une petite faim ?** » Alors, il allait **déboucher** une bouteille de vin de Chinon. On prenait deux ou trois bons fromages, et on se remettait à philosopher. Donc, voilà pour moi ce qu'est le goût. C'est…c'est…et sur ce plan-là, la Loire a cet avantage merveilleux que tout y est d'une sorte de grande simplicité. Vous savez, c'est l'équilibre, c'est l'harmonie qui est tellement caractéristique de la Loire, qu'il s'agisse de ses monuments, de ses habitants, de ses vins, de son climat. Et pour parler des vins que j'aime tant – ce ne sont pas les plus grands vins du monde – mais ils ont un charme extraordinaire, et je pense à cette phrase, à ce vers de La Fontaine, « **et la grâce plus belle encore que la beauté.** » Alors, voyez-vous, les vins de Loire, les nourritures de Loire, c'est quelque chose à manger, à boire, et à goûter toute la semaine. Eh bien, le dimanche, le septième jour, on peut faire comme Dieu, on peut se reposer, et se mettre à l'eau minérale, mais entre temps on aura bu des choses merveilleuses toute la semaine, alors qu'ailleurs, on boit des grands vins le dimanche, et qu'est-ce qu'on boit **le restant** de la semaine ? J'aime mieux ne pas vous le dire.

⑥ — *Comme vous le savez, chers lecteurs, nous vous offrons en supplément, et avec un véritable plaisir, le chapitre intitulé « La Loire secrète », tiré d'un très beau texte* Le Livre des vins rares ou disparus. *Robert, nous y découvrons ce mot essentiel qu'on ne trouve pas dans les*

en plein in the middle of

vinification wine making
liquoreux sweet

fin de bouche "finish," lingering aftertaste of wine

schiste shale
se réchauffe heats up

Ce livre est paru en 2002 This book was published in 2002. In fact, it was published in 1995.

chasse au trésor vinicole wine growing treasure hunt

à mesure que as
nous prenons de l'âge we get on in years

rentiers persons of independent means

dictionnaires standard, le chenin. *Vous qui vivez **en plein** Muscadet, ce fameux chenin n'est pas pour autant rare ni disparu. Dites-nous un mot sur lui.*

— Eh bien, le chenin, c'est un des vins caractéristiques du Val de Loire, au même titre que le Cabernet franc, rouge, à ne pas confondre avec le Cabernet Sauvignon, c'est important de le préciser, et je pense – moi, je suis propriétaire et producteur de Muscadet – mais, je pense vraiment que ce qui est caractéristique de la Loire, ce mélange… c'est un vin, vous comprenez, qui a cette chose extraordinaire que, selon la **vinification**, le moment où vous le récoltez, vous pouvez en faire un vin **liquoreux,** vous pouvez en faire un vin effervescent – sparkling wine – vous pouvez en faire un vin sec, et chaque fois, il y a en **fin de bouche,** au-delà de l'acidité, et de la raideur de ce vin, il y a un espèce de sourire final qui est merveilleux. Le chenin a été très utilisé en Afrique du Sud, où les Hollandais, quand ils ont commencé à créer ces fameux vignobles, dont le superbe, fabuleux et disparu vin de Constance – ils l'appellent le Steinwein – et c'est un vin de pierre. Et quand on est dans la Loire, et qu'on regarde les pierres de **schiste,** et ce côté froid des pierres de schiste, mais s'il y a un rayon de soleil dessus, d'un seul coup, la pierre **se réchauffe,** voilà, c'est ça. Et ce n'est ni un vin liquoreux, ni un vin sec, bon voilà, c'est un vin de paradis, et qu'on peut boire sans fatigue.

❼   — *Ce livre est paru en 2002, un livre d'histoire et de littérature à propos des lieux et des légendes de vin et qui fait participer le lecteur à une véritable **chasse au trésor vinicole**. Peut-on encore trouver ces lieux magiques dans le Val de Loire ? Et ces personnages comme Ernst et Olga ?*

— Oui, bien sûr, vous savez, ce qui se passe, c'est que, **à mesure que nous prenons de l'âge,** trop souvent, nous avons notre contingent de trésors que nous avons accumulés, et puis nous devenons intellectuellement des **rentiers,** nous vivons sur ce capital, et que nous connaissons bien et que nous exploitons correctement, alors qu'il faudrait toujours, comme disait ce cher et merveilleux

225

Kipling Rudyard Kipling (1865–1936), British writer and poet
autel altar
quel que soit whatever be

solitaires loners

ne vous privez pas don't deny yourself
exaucer vos rêves make your dreams come true
Chenonceau, Ussé, Villandry three well-known Loire Valley châteaux

alléchante beguiling

viticulture wine growing

grossière crude

inculture lack of culture
navire en perdition ship in distress
mal augurer *here:* bode poorly
la font wage it (war)
confier entrust
au pied de la lettre literally

risquent run the risk

tourne pas à la confiture doesn't get syrupy
l'art de la brosse à reluire the art of sucking up to people

Kipling, toujours garder dans son cœur un **autel** pour prier le dieu inconnu. Il faut se dire que, quelle que soit l'époque, **quel que soit** le lieu, quel que soit le milieu, il y a toujours des gens extraordinaires, c'est à nous de les découvrir, et c'est un privilège, je dirais, des **solitaires.**

⑧   — *Chers lecteurs, **ne vous privez** pas de ce beau texte historique et littéraire. Vous êtes nombreux sans doute à apprécier les bons vins. Et, nous comptons d'ailleurs vous proposer une découverte des pays de la Loire, et surtout le grand ouest, pour y **exaucer les rêves** que ces textes ne manqueront pas d'occasionner. Bien au-delà de **Chenonceau**, d'**Ussé**, de **Villandry**, tous nobles repères, vous découvrirez une autre Loire, celle de Goulaine, ou encore celle du Château de la Roche-aux-Moines et son **alléchante** Coulée de Serrant, propriété exclusive de la famille Joly, Nicolas Joly, je cite, « cet ancien diplômé d'université américaine, converti à la **viticulture** et inspiré de la biodynamie ». Je me suis enivré de cette phrase, Robert, qui va faire sourire. Ecoutez bien :*

*« Ce serait une erreur **grossière**, et offensant, » dites-vous, « d'assimiler sa marche [celle de Nicolas Joly] à celle des écologistes, dont l'absence de filiation spirituelle, l'incompétence et l'**inculture**, l'agitation, comparable à celle des rats courant en désordre sur un **navire en perdition**, laissent **mal augurer** de leur capacité à reconstruire le temple. Comme le disait un sage à propos de la guerre et des militaires qui **la font**, la nature est une chose trop sérieuse pour la **confier** aux écologistes. » Faut-il prendre tout cela **au pied de la lettre**, Robert ?*

— Oui, je vais me faire assassiner, vous savez, j'ai toujours un léger esprit de contradiction, je crois qu'il faut toujours une part d'humour, sinon la tendresse et le sérieux **risquent** de devenir insupportables. Et l'humour est à la tendresse ce que, précisément, cette pointe d'acidité est, dans un grand vin liquoreux du Val de Loire, et c'est ça qui fait que ça ne **tourne pas à la confiture.** Donc, moi je ne pratique pas **l'art de la brosse à reluire** ; je fais de l'écologie toute l'année avec mes papillons tropicaux vivants à Goulaine, car si je ne pratiquais pas ce

lutte biologique intégrée moderate approach to ecology allowing some human control of scavengers

volière *here:* butterfly farm

de quoi ils parlent what they're talking about

débarquent land

terrain conquis conquered territory

gris color gray

rebaptiser rename

nous sommes arrêtés we are stopped

l'emporte sur l'amour wins over love

qu'on appelle la **lutte biologique intégrée**, eh bien mes papillons mourraient. Pas question de mettre des insecticides, des pesticides dans ma **volière** de papillons pour protéger les plantes. Donc, je sais de quoi je parle. Et je suis convaincu que l'écologie est une chose extrêmement importante. Mais les écologistes devenus un peu des ayatollahs, je dois dire m'exaspèrent beaucoup, d'abord parce que la plupart du temps ils ne savent **de quoi ils parlent.** Ce sont des gens de la ville qui **débarquent** à la campagne en **terrain conquis** et qui veulent donner des leçons à tout le monde, et ensuite parce que la vérité n'est jamais, nulle part, en rien, dans le blanc ou dans le noir. La vérité est dans le **gris,** c'est la plus jolie couleur du monde. Il y a toutes les nuances possibles dans le gris. Et donc, soyons prudents. Ne soyons pas excessifs. Ne soyons pas des ayatollahs, et sur ce plan-là les écologistes ont beaucoup à apprendre.

⑨ — *Bien….bon…avant de provoquer une grande polémique, revenons à la fiction et au* Dernier Ange. *Votre narrateur, Max ou bien Vincent – ce n'est pas un simple caprice d'Alban que de le* **rebaptiser** *– ce narrateur, qui est « né sous le signe du Cancer, » dites-vous. « C'est un signe du bord de l'eau. Le signe du rivage. J'aime regarder l'eau. Celle qui passe, tandis que je suis immobile. Je vois le temps flotter entre ces deux espaces ennemis. Le fleuve va à la mer et s'y perd. Nous, nous le descendons. A un moment ou à un autre, nous nous arrêtons – je veux dire:* **nous sommes arrêtés** *– comme ces vieux arbres que le courant fixe sur cette île qui sèchent au lieu de pourrir. Alors la vie devient végétative et sereine et la certitude* **l'emporte sur l'amour.** *On est l'oiseau immobile. »….Puis à la question adressée un peu plus loin à Alban: « Êtes-vous heureux, Alban ? » Et la réponse: « je pourrais vous répondre que je suis désespéré, au sens exact du terme: délivré de l'espoir; désespéré et solitaire. » Puis-je vous demander, Robert, de commenter ce passage. D'où est-il inspiré ?*

— D'abord d'une conviction personnelle permanente, et ensuite… c'est une phrase de Kipling, en fait, je ne me souviens plus dans lequel de ses livres, et j'aime énormément Kipling, qui est un philosophe au

enfin délivré de l'espoir je descendrai le fleuve..."   "at last delivered from hope I will go down the river...", from Rudyard Kipling's *Life's Handicap*

déshabillé   undressed, in the sense of shedding one's clothes and being free of them. In French, the prefix *dé-* in *délivrer* and *déshabille* lend a special pun effect, impossible in English. In short, being rid of hope and of your garments is a positive thing.

ne me plaignez pas   do not pity me

emprunter   borrow

c'est pas la peine   = *ce n'est pas la peine:* it's not worth it

maladies qu'on attrape au contact des autres   sickness you catch from others

solitaire   loner

sur le large   onto the open

dédoublement   split personality

au sein d'un même être   at the core of one and the same being

meilleur sens du mot, c'est-à-dire qu'il n'a pas inventé une nouvelle religion ou un nouvel art de penser, mais c'est plutôt un art de vivre et de se comporter, et il dit quelque part, « **enfin délivré de l'espoir je descendrai le fleuve…** » et je ne me souviens plus de la suite. Et alors, cette idée que l'on puisse être délivré de l'espoir, au sens de désespéré, comme on dirait **déshabillé**…alors, les gens me disent souvent, quand je leur dis, bien voilà je suis désespéré. Ah, ils me disent, mais c'est affreux. Qu'est-ce qu'on peut faire pour vous ? Alors je leur dis, mais surtout **ne me plaignez pas**, je suis délivré de l'espoir, vous comprenez, moi je vis entouré de gens qui veulent **emprunter** du bonheur, emprunter de l'argent à son banquier, c'est pas toujours très prudent, mais emprunter de l'espoir c'est absurde. Et ces gens-là sont en permanence malheureux parce qu'ils regardent le bulletin de la météorologie et ils apprennent que demain il va pleuvoir. Donc, ils se disent, **c'est pas la peine** d'être heureux s'il fait beau aujourd'hui, parce que demain il va pleuvoir. Donc, voilà, il faut sortir du temps. C'est la seule manière d'être heureux. Et puis, l'autre chose, c'est la solitude. La solitude, ça n'est pas non plus une chose pénible. La solitude…ça peut évidemment être ce que j'appelle ailleurs, je ne me souviens plus dans quel livre, une de ces **maladies qu'on attrape au contact des autres.** Mais, la solitude, c'est aussi ce qui fait que toutes les portes vous seront ouvertes. J'ai eu cette chance dans ma vie, dans ma vie personnelle, d'être toujours un **solitaire** et toujours au milieu des autres. Et la seule manière, le seul miroir dans lequel on peut se regarder, c'est une fenêtre ouverte **sur le large.** Ce sont les autres, c'est pas soi. Donc, c'est ça que j'appelle la solitude, et qui est prodigieusement enrichissante.

⑩ — *Et, à propos de* solitude, *il faut bien dire que* Le Dernier Ange *c'est une méditation sur la solitude. Ce personnage féminin, Solana, à la fois* soleil, *et* solitaire, *nous prépare à vos conclusions, et surtout à ce thème du **dédoublement** Max - Vincent. « La vraie séparation » — je cite la fin de votre roman et l'Ange aux cheveux d'or — « la vraie séparation n'est pas entre les êtres, mais **au sein d'un même être.** Tu es enfin réuni. Et toi ! demanda Vincent. Toi, qui es-tu ? Je suis la*

majuscule capital (letter)

envié envied

voyage de noces honeymoon

dévalisé bought out

succès d'estime critical, if not popular, acclaim. He was the target of over 50 assasination attempts!

Qu'est-ce qu'il est devenu, je ne sais plus I don't know what ever happened to him. (Zog, while an autocratic nationalist, initiated numerous progressive reforms in Albania before being deposed by Mussolini in 1939, shortly after his marriage. He spent the rest of his life in exile, eventually settling in France. Zog died in 1961.)

j'aurais dit non I would have refused

réaliser quelque chose make something a reality

aérien et souterrain aerial and subterranean, akin to vegetal and mineral

vous allez vous ruiner you'll go broke

Gustav Meyrink (1868–1932) Austrian writer drawn to occult sciences

nous défaire get rid of

*Solitude. » Avec ce S **majuscule.** Est-ce là le message central de votre livre ? Et, à propos, cet étrange créature, ZOG ? D'où vient ce nom ? Je ne connais que le Roi Zog 1ᵉʳ d'Albanie. Rien à voir avec Alban, je suppose ?*

— Non, non, non, Non, mais Zog est un nom qui m'amuse beaucoup, et effectivement, moi j'ai toujours **envié** Zog. Enfin, je ne sais pas s'il a été heureux, il était tombé amoureux d'une Belge ou d'une Française qui s'appelait Géraldine et il est venu en **voyage de noces** dans les années 1935–1936 à Paris, a **dévalisé** tous les grands magasins et a eu un grand **succès d'estime** pendant un moment court. **Qu'est-ce qu'il est devenu, je ne sais plus.** En tout cas, j'aurais aimé être roi d'Albanie. On m'aurait proposé d'être roi de France, d'Allemagne, ou d'Angleterre, **j'aurais dit non**, non, non, c'est trop grand pour moi, mais la petite Albanie, ça pouvait être sympathique. Enfin, voilà, je ne serai jamais roi d'Albanie, et donc je ne serai jamais Zog II. Alors, j'ai inventé ce personnage, partant du principe, quand on ne peut **réaliser quelque chose**, on peut l'inventer dans un livre. Dans le même livre, *Le Dernier Ange*, j'ai inventé un labyrinthe double, à la fois **aérien et souterrain**, parce que je voulais toujours le faire à Goulaine, et puis on m'a dit ça va vous coûter tellement cher que **vous allez vous ruiner**. Alors, j'ai dit bon, puisque je ne peux pas le réaliser dans la réalité, je vais en faire un objet de fiction. Et puis, c'est vrai que l'idée du dédoublement, c'est quelque chose de constant dans mes livres, l'idée que nous avons…vous savez, j'ai toujours été fasciné par l'alchimie, je n'y connais rien. Un des auteurs qui m'a le plus passionné dans ma vie, c'est **Gustav Meyrink**, le fameux auteur allemand, ou autrichien, je ne me souviens plus, de la fin…du début du siècle dernier, qui a écrit *L'Ange à la fenêtre de l'Occident, Le Golem, La Nuit de Walpurgis,* etc. Et ce thème du dédoublement, ce thème de l'androgynie première qui fait que dans une autre existence nous serons enfin réunis, soit l'homme et la femme devenant un seul être, soit encore qu'il y ait dédoublement de nos personnalités et que nous nous retrouvions…parce que le double qui est en nous, dont nous ne pouvons pas **nous défaire** et auquel nous ne pouvons pas non plus nous identifier complètement, ce

composer avec   come to terms with, integrate

Hispano[-Suiza]   one of the most exquisitely crafted—and expensive—automobiles of its era. Founded in 1898 in Spain, the company went bankrupt, then reemerged in 1904. In 1911, a factory in the Parisian suburb of Levallois-Perret began production of the luxury automobiles for the French market. Three years later, manufacturing moved to a larger facility at Bois-Colombes.

j'enseignais à Chicago   I taught at [the University of] Chicago

occasion   used, "pre-owned"

assoiffée   gas-guzzling

collectionneur d'automobiles anciennes   antique car collector

où on pouvait rouler avec   when you could drive around in them

si je les avais gardées   if I had held onto them

milliardaire   billionaire

contraire à   against

Montrachet et Château-Montrose   collector's wines from Burgundy and Bordeaux, respectively

passe   play *(on record player)*

soutenue par les tambours   with a drum beat underneath it

double-là est à la fois notre ennemi et notre meilleur ami. Il faut **composer avec** lui. C'est ce que j'essaie de faire, j'essaie de raconter dans plusieurs de mes livres.

⑪ — *Oui, oui, d'accord Robert. Pour vos nouveaux lecteurs, cette* **Hispano***, voilà une voiture que vous n'avez pas inventée. Vous savez, quand* **j'enseignais à Chicago***, j'avais une immense Lincoln Continental* **occasion***, achetée à $1000 à mon cousin mécanicien. Couleur bordeaux, magnifique et éternellement* **assoiffée***, même à l'époque où le pétrole coûtait peu en Amérique. J'ai connu l'excentricité d'Alban; mes amis professeurs étaient plutôt les rares propriétaires de Peugeot, la voiture des intellectuels américains. Mais dans votre livre, il y a même deux Hispanos. Encore un dédoublement, ou quoi ?*

— Non, non, il faut vous expliquer, j'ai été en France et…pas en Angleterre, mais dans le restant de l'Europe, mais en tout cas en France, le premier **collectionneur d'automobiles anciennes** dans les années 60. Je n'avais pas deux Hispanos, j'en avais sept ! J'avais sept Rolls-Royce, j'avais trois Bugattis, j'avais une Delahaye 12 cylindres, j'avais, cher ami, une Cadillac 16 cylindres 1931, auprès de laquelle votre Lincoln Continental c'était presque tout petit. Mais, je me suis beaucoup amusé avec ces voitures. C'était une époque **où on pouvait rouler avec…si je les avais gardées**, je serais **milliardaire**, mais il y a plein de choses que je n'aurais pas faites, et je ne regrette jamais rien dans ma vie, c'est **contraire à** mes principes, donc voilà, j'ai abandonné, moi aussi, les Hispanos, les Cadillacs, etc. pour de bonnes Peugeots, qui sont de très bonnes voitures, qui marchent bien, dont je suis très satisfait.

⑫ — *Voilà…une dernière chose, Robert, si vous permettez. C'est mon passage favori, vraiment. Il vient juste après la dernière bouteille de* **Montrachet et Château-Montrose** *1928. Alban nous entraîne auprès de son ami Michel, « le seul qui ait vraiment compris la musique d'Armstrong », et l'autre donc propriétaire d'une Hispano, rappelons-le en passant. Il* **passe** *ce disque sublime, « Just A Closer Walk With Thee », une marche très lente,* **soutenue par les tambours***, évocatrice*

235

jaillit   rings out

brisant net   breaking sharply *(the silence)*

s'élançant   soaring

cheminement terrestre du cortège   earthly/horizontal forward movement of the funeral procession

ne parvient plus   can no longer

cloués   rooted

noyés dans le brouillard   drowned in the fog

*des funérailles traditionnelles de la Nouvelle-Orléans...La voix d'Armstrong. Soudain, comme si avec l'instrument il répondait à sa propre voix, la trompette **jaillit**, la dominant de sa force prodigieuse, **brisant net** le court silence, s'élançant de note en note vers les hauteurs, perpendiculaire à la voix qui, elle, avait suivi le **cheminement terrestre du cortège**. La dernière note se perdit en plein ciel, pareille à l'oiseau que le regard humain ne parvient plus à distinguer. Alors les vivants qui écoutent une telle musique se retrouvent entre eux, **cloués** au sol, **noyés dans le brouillard** de leurs pensées, ni gais ni tristes, car tel n'est pas le choix véritable qu'ils ont à faire ici-bas. » Vous avez tout dit, Armstrong aussi, et pourtant ? Maybe in English, if you'd care to, l'occasion est parfaite, Robert ?*

— Yes, indeed, I've always been a fan of jazz, and especially of Armstrong, whom I met once or twice in my life, and he was an extraordinary man. It's some of the greatest music in the world, as much as Mozart, or Bach for me. And I would just like to remind you of something, a wonderful sentence; I did not hear him saying it, but a journalist told me the story. He had been interviewing Armstrong at one of his last concerts in Paris, and he managed to get hold of him, and Armstrong was rather furious because he didn't want to be interviewed, he was too tired, and finally the journalist said to him, Mr. Armstrong, Mr. Armstrong, I'm so sorry, I apologize, but you know, it's so important for me to meet you. Could you tell me in one sentence, what is your music? And he looked at him, rather sadly, before banging the door and pushing him out, and he said, Armstrong said, "So much lost love—*Tant d'amour perdu...*" But I don't think we ever lose the love we had for others, the love they had for us; that is something which always will remain.

Thank you, thank you, merci, Robert de Goulaine, et merci à vous, chers auditeurs. Bonne lecture à toutes et tous.

Au revoir et à bientôt.